Janina Täschner, Yvonne Holzmeier, Doris Holzberger

Selbstwirksamer vor der Klasse!

Impulse für die Aus- und Weiterbildung von Lehrkräften

Waxmann 2023
Münster • New York

Das diesem Themenheft zugrundeliegende Vorhaben wurde mit Mitteln des Bundesministeriums für Bildung und Forschung sowie des Sekretariats der Ständigen Konferenz der Kultusminister der Länder in der Bundesrepublik Deutschland unter dem Förderkennzeichen ZIB2022 gefördert. Die Verantwortung für den Inhalt dieser Veröffentlichung liegt bei den Autorinnen.

GEFÖRDERT VOM

Bibliografische Informationen der Deutschen Nationalbibliothek
Die Deutsche Nationalbibliothek verzeichnet diese Publikation
in der Deutschen Nationalbibliografie; detaillierte bibliografische Daten
sind im Internet über https://dnb.dnb.de abrufbar.

Wissenschaft macht Schule, Band 5
herausgegeben von Doris Holzberger und Kristina Reiss
ISSN 2701-6056

Print-ISBN 978-3-8309-4715-8
E-Book-ISBN 978-3-8309-9715-3
https://doi.org/10.31244/9783830997153

Steinfurter Straße 555, 48159 Münster

www.waxmann.com
info@waxmann.com

Umschlagfoto: © wavebreakmedia | shutterstock.com
Satz, Umschlaggestaltung: Waxmann Verlag
Grafiken: Grafikbüro Petra Hinterberger (www.das-grafikbuero.de) und Yvonne Holzmeier, Technische Universität München (TUM) | Zentrum für internationale Bildungsvergleichsstudien (ZIB)
Druck: Rudolph Druck, Schweinfurt

Gedruckt auf alterungsbeständigem Papier,
säurefrei gemäß ISO 9706
Printed in Germany

Inhalt

Über dieses Themenheft 5

1 Selbstwirksamkeit von Lehrkräften: Konzept - Bedeutung - Kontext 7
1.1 Die Bedeutung einer hohen Lehrkräfteselbstwirksamkeit 9
1.2 Die Rolle von Schulkontext und Berufserfahrung 10

2 Entstehung von Selbstwirksamkeit bei Lehrkräften 13
2.1 Die vier Quellen der Selbstwirksamkeit in der Lehrkräftebildung 13
2.2 Maßnahmen zur Förderung der Lehrkräfteselbstwirksamkeit 19

3 Was ist eine Forschungssynthese und wozu ist sie nützlich? 23

4 Forschungssynthese zur Förderung der Selbstwirksamkeit von Lehrkräften 25
4.1 Ziele der Forschungssynthese 25
4.2 Methodisches Vorgehen 25
4.3 Ergebnisse der Forschungssynthese: Wie lässt sich die Selbstwirksamkeit von Lehrkräften fördern? 27

5 Lehrkräfteselbstwirksamkeit im Alltag fördern 31
5.1 Reflexionsfragen für Lehrkräfte 31
5.2 Reflexionsfragen für Schulleitungen 32
5.3 Reflexionsfragen für Personen in der Lehrkräftebildung an Schulen 33
5.4 Reflexionsfragen für Personen in der Lehrkräftebildung an Universitäten 34

Literatur 35
Anhang: Übersicht über die Beispielstudien 40

▸ Das digitale Zusatzmaterial zu diesem Themenheft finden Sie unter folgendem Link:
www.edu.sot.tum.de/suf/selbstwirksamer-vor-der-klasse-zusatzmaterial

Autorinnen:
Janina Täschner, Yvonne Holzmeier, Doris Holzberger

Herausgeberinnen:
Doris Holzberger und Kristina Reiss

Zentrum für internationale Bildungsvergleichsstudien (ZIB)
Technische Universität München (TUM)

Dank

Wir möchten uns bei allen bedanken, die mit ihrer Expertise zur Erstellung dieses Themenhefts beigetragen haben. Ein Dankeschön geht an die Kolleg*innen des *Zentrums für internationale Bildungsvergleichsstudien (ZIB) e.V.*, insbesondere an Sarah Reinhold und Georgios Mitsostergios für die fleißige Unterstützung bei der Kodierung der Einzelstudien und an Simon Munk für das Mitgestalten der Reflexionsfragen. Bei Melanie Braun von *eduvisory* bedanken wir uns für ihre Unterstützung und Vorarbeiten über den gesamten Arbeitsprozess hinweg. Darüber hinaus geht unser Dank für das wertvolle Feedback zum Themenheft an Frau Christina Reuter von der *Akademie für Lehrerfortbildung und Personalführung (ALP)*, an Frau Dr. Alexandra Dehmel vom *Institut für Bildungsanalysen Baden-Württemberg (IBBW)* sowie an Frau Dr. Claudia Krille und Frau Dr. Maike Abshagen vom *Institut für Qualitätsentwicklung an Schulen Schleswig-Holstein (IQSH).*

Über dieses Themenheft

Optimistisch an Herausforderungen im Schulalltag herangehen und den eigenen Fähigkeiten vertrauen – Lehrkräfte mit hoher Selbstwirksamkeit sind nicht nur zufriedener im Beruf, Schüler*innen nehmen sie auch als unterstützender und klarer in der Klassenführung wahr.

Dabei sind die Anforderungen an Lehrkräfte im Schulalltag hoch: In der Regel sind sie neben dem Unterrichten auch Ansprechpersonen weit über den Lernstoff hinaus und tragen eine große Verantwortung für die Entwicklung ihrer Schüler*innen. Nicht zuletzt aufgrund dieser Anforderungen sind sie besonders anfällig für ein erhöhtes Stressempfinden oder sogar Burnout. Sie zählen dahingehend zu den hochbelasteten Berufsgruppen. Doch Studien zeigen auch, dass ein hohes Maß an Selbstwirksamkeit als schützender Faktor fungieren kann.

Die Selbstwirksamkeit von Lehrkräften zu steigern hat also vielseitige Vorteile. Aber wie können konkrete Maßnahmen zur Steigerung aussehen? Welche Maßnahmen zeigen Erfolg?

Mit diesem Themenheft möchten wir Lehrkräfte und Schulleitungen, Bildungsadministration und politische Entscheidungsträger*innen sowie alle, die in der Aus- und Weiterbildung von Lehrkräften tätig sind, für das Thema *Selbstwirksamkeit von Lehrkräften* sensibilisieren. Insbesondere Lehrkräftebildenden geben wir Möglichkeiten an die Hand, wie sie die Selbstwirksamkeit von Lehrkräften bereits im Rahmen der Ausbildung sowie im Zuge von Weiterbildungsmaßnahmen gezielt fördern können. Daneben erhalten auch Lehrkräfte selbst nützliche Informationen zur Steigerung der eigenen Selbstwirksamkeit. Dabei stützen wir uns auf neueste wissenschaftliche Erkenntnisse zum Thema.

Herzstück des Themenhefts ist eine Forschungssynthese, die das *Zentrum für internationale Bildungsvergleichsstudien* (Kurzporträt: Das Zentrum für internationale Bildungsvergleichsstudien (ZIB), S. 6) durchgeführt hat. Diese wissenschaftliche Studie zeigt, dass Maßnahmen in der Aus- und Weiterbildung von Lehrkräften wirksam sein können, um ihre Selbstwirksamkeit zu erhöhen.

Die Inhalte dieses Themenhefts:

- In **Kapitel 1** geben wir einen Überblick über die wissenschaftlichen Befunde zu den Vorteilen einer hohen Lehrkräfteselbstwirksamkeit.
- In **Kapitel 2** stellen wir Wege und Maßnahmen zur Steigerung der Selbstwirksamkeit von angehenden Lehrkräften sowie Lehrkräften im Beruf vor.
- In **Kapitel 3** gehen wir darauf ein, welchen Nutzen Erkenntnisse aus Forschungssynthesen für die schulische Praxis haben können und erklären, was eine Forschungssynthese ausmacht.
- In **Kapitel 4** erläutern wir die Ziele, das methodische Vorgehen und die Ergebnisse unserer Forschungssynthese zur Fragestellung, wie und in welchem Ausmaß sich die Selbstwirksamkeit von Lehrkräften im Beruf und Studium durch gezielte Maßnahmen fördern lässt.
- In **Kapitel 5** haben wir Reflexionsfragen gesammelt, die Sie zum Nachdenken einladen sollen: Wie können Sie sich selbst und andere dabei unterstützen, sich selbstwirksam zu erleben?

Kurzporträt: das Zentrum für internationale Bildungsvergleichsstudien (ZIB)

- **Standorte**: München (Technische Universität München), Frankfurt am Main (Leibniz-Institut für Bildungsforschung und Bildungsinformation), Kiel (Leibniz-Institut für die Pädagogik der Naturwissenschaften und Mathematik), Berlin (Forschungsdatenzentrum am Institut für Qualitätsentwicklung im Bildungswesen)
- **Zentrale Aufgaben**: Forschungssynthesen, PISA-Studie in Deutschland (Bildungsmonitoring), Schul- und Unterrichtsforschung sowie Methodenforschung
- **Bundesweite Expertise** zu zahlreichen Themenbereichen der empirischen Bildungsforschung
- **Förderung** durch das Bundesministerium für Bildung und Forschung sowie durch das Sekretariat der Ständigen Konferenz der Kultusminister der Länder in der Bundesrepublik Deutschland

Weitere Informationen zu den einzelnen Forschungsprojekten auf **zib.education**. Mehr zur **Arbeitsgruppe Forschungssynthesen am ZIB** auf www.edu.sot.tum.de/suf sowie auf Twitter, Instagram, Facebook und Mastodon (#ForSynZIB)

1. Selbstwirksamkeit von Lehrkräften: Konzept – Bedeutung – Kontext

Lehrkräfte mit hoher Selbstwirksamkeit sind nicht nur zufriedener mit ihrem Beruf, auch ihre Schüler*innen sind motivierter. Von einer hohen Lehrkräfteselbstwirksamkeit profitieren also nicht nur die Lehrkräfte selbst, sondern auch ihr Unterricht und ihre Schüler*innen. Daher lohnt es sich, die Selbstwirksamkeit (☐ Was ist Selbstwirksamkeit?) von Lehrkräften in den Blick zu nehmen. Neben expliziten Fördermaßnahmen, deren Wirkung wir im Rahmen unserer Forschungssynthese (siehe Kapitel 4) untersuchen, beeinflussen auch Merkmale der Schule und der Klasse sowie die Berufserfahrung die Höhe der Selbstwirksamkeit.

☐ Was ist Selbstwirksamkeit?

Im allgemeinen Sprachgebrauch wird der Begriff *Selbstwirksamkeit* häufig synonym zu Selbstvertrauen oder Selbstbewusstsein verwendet; in der Bildungsforschung bezieht man sich meist auf Definitionen des kanadischen Psychologen Albert Bandura (*1925, †2021). Er beschrieb Selbstwirksamkeit (*self-efficacy*) als die Überzeugung einer Person, bestimmte Handlungen aufgrund der eigenen Fähigkeiten erfolgreich ausführen zu können (Bandura, 1977, 1997). Man spricht auch von *Selbstwirksamkeitserwartung*, weil die Überzeugung auf zukünftige Handlungen ausgerichtet ist.

Die Selbstwirksamkeit einer Person bezieht sich dabei immer auf bestimmte Aufgaben, Themen- oder Berufsfelder (Bandura, 1997; Tschannen-Moran et al., 1998). Dementsprechend beschreibt der Begriff *Lehrkräfteselbstwirksamkeit* (*teacher self-efficacy*) also die Überzeugung einer Lehrkraft, ihre vielfältigen berufsspezifischen Aufgaben, auch in herausfordernden Situationen, aufgrund ihrer eigenen Fähigkeiten erfolgreich meistern zu können.

Die **Messung der Lehrkräfteselbstwirksamkeit** findet mithilfe von **Fragebogen** statt, die ihre Ausprägung erfassen. Diese Fragebogen fassen verschiedene berufsspezifische Aufgaben zu Bereichen (auch Dimensionen oder Domänen genannt) zusammen und zeigen auf, wie hoch die Selbstwirksamkeit der Lehrkräfte in dem jeweiligen Bereich ist. In den verschiedenen Bereichen kann eine Lehrkraft dementsprechend unterschiedlich hohe Selbstwirksamkeitserwartungen haben. So kann sich eine Lehrkraft etwa im Motivieren von Schüler*innen wirksamer fühlen als im Hinblick auf die Klassenführung (z. B. Dalioglu & Adiguzel, 2016).

Einer der am häufigsten genutzten Fragebogen erhebt drei Bereiche der Lehrkräfteselbstwirksamkeit (s. Abb. 1): **Klassenführung**, **Lehrstrategien** und **Motivieren von Schüler*innen** (Pfitzner-Eden, 2016a; Tschannen-Moran & Woolfolk Hoy, 2001).

KLASSENFÜHRUNG (classroom management)

Die Fähigkeit, eine gute Lernatmosphäre im Klassenzimmer herzustellen. Dazu gehört es, Regeln und Routinen einzuführen und durchzusetzen sowie proaktiv mit Störungen im Klassenzimmer umzugehen.

Wie überzeugt sind Sie davon, dass Sie Schüler dazu bringen können, Regeln im Unterricht zu folgen?

○ ○ ○ ○ ○ ○ ○ ○ ○

gar nicht überzeugt — völlig überzeugt

LEHRSTRATEGIEN (instructional strategies)

Die Fähigkeit, verschiedene Lehrmethoden einzusetzen und den Unterricht an das Leistungsniveau der einzelnen Schüler*innen anzupassen.

Wie überzeugt sind Sie davon, dass Sie eine alternative Erklärung oder ein anderes Beispiel finden können, wenn Schüler etwas nicht verstehen?

○ ○ ○ ○ ○ ○ ○ ○ ○

gar nicht überzeugt — völlig überzeugt

MOTIVIEREN VON SCHÜLER*INNEN (student engagement)

Die Fähigkeit, den Wert von schulischem Lernen zu vermitteln sowie Schüler*innen zu motivieren, die selbst wenig interessiert sind.

Wie überzeugt sind Sie davon, dass Sie Schüler, die wenig Interesse am Unterricht haben, motivieren können?

○ ○ ○ ○ ○ ○ ○ ○ ○

gar nicht überzeugt — völlig überzeugt

Abb. 1: Drei Bereiche der Lehrkräfteselbstwirksamkeit mit Beispielfragen nach Pfitzner-Eden, 2016a und Tschannen-Moran & Woolfolk Hoy, 2001

1.1 Die Bedeutung einer hohen Lehrkräfteselbstwirksamkeit

Die Selbstwirksamkeit von Lehrkräften ist ein häufig untersuchtes Konstrukt und so ist die Forschungslage zu den **positiven Auswirkungen einer hohen Lehrkräfteselbstwirksamkeit** eindeutig: Eine hohe Selbstwirksamkeit bei Lehrkräften bringt vielfältige Vorteile für die Lehrkräfte selbst, ihren Unterricht und die Schüler*innen mit sich (Klassen et al., 2011; Zee & Koomen, 2016).

Vorteile für die Lehrkräfte selbst

- **Mehr Arbeitszufriedenheit und Engagement:** Einige Studien zeigen, dass Lehrkräfte mit hoher Selbstwirksamkeit zufriedener in der Arbeit sind (Caprara et al., 2006; Klassen & Chiu, 2010; Skaalvik & Skaalvik, 2014; Stephanou et al., 2013; Wang et al., 2015). Darüber hinaus sind sie auch engagierter im Beruf (Chesnut & Burley, 2015; Klassen & Chiu, 2011; Skaalvik & Skaalvik, 2014) und optimistischer bezüglich ihrer Karriere (McLennan et al., 2017).
- **Weniger Burnout und emotionale Erschöpfung:** Lehrkräfte mit einer höheren Lehrkräfteselbstwirksamkeit berichten weniger Burnout-Symptome, vor allem weniger emotionale Erschöpfung (Aloe et al., 2014; Dicke et al., 2014; Skaalvik & Skaalvik, 2010, 2014; Tsouloupas et al., 2010). Angehende Lehrkräfte und auch Lehrkräfte im Beruf, die eine höhere Selbstwirksamkeit aufweisen, berichten mehr positive Emotionen (z. B. Freude) als Lehrkräfte mit einer geringeren Selbstwirksamkeit (Burić et al., 2020; Hascher & Hagenauer, 2016; Stephanou et al., 2013).

Vorteile für den Unterricht

- **Höhere Unterrichtsqualität:** Eine über zehn Jahre laufende Studie fand heraus, dass sich eine höhere Unterrichtsqualität in den Bereichen Klassenklima, Klassenführung und kognitive Aktivierung anhand einer höheren Lehrkräfteselbstwirksamkeit vorhersagen lässt (Künsting et al., 2016). Eine weitere Studie zeigte: Andere Personen (beispielsweise Schüler*innen und Schulleitungen) schätzen die Unterrichtsleistung von denjenigen Lehrkräften höher ein, die eine höhere Selbstwirksamkeit aufweisen (Klassen & Tze, 2014).
- **Innovative und differenzierte Lehr- und Lernmethoden:** Die Lehrkräfteselbstwirksamkeit gilt mit als Schlüsselvariable dafür, dass Lehrkräfte innovative Ideen entwickeln und umsetzen (Thurlings et al., 2015). Auch wenn Lehrkräfte Differenzierungsmaßnahmen im Unterricht einsetzen, hängt das messbar mit einer höheren Selbstwirksamkeit zusammen (Neve et al., 2015; Suprayogi et al., 2017).

Vorteile für die Schüler*innen

- **Bessere Beziehung zwischen Schüler*innen und Lehrkräften:** Fragt man die Schüler*innen, berichten sie unter anderem von mehr eigenem Engagement im Unterricht bei Lehrkräften mit höherer Selbstwirksamkeit (Zee & Koomen, 2020) und besseren Beziehungen zu Lehrkräften mit höherer Selbstwirksamkeit (Holzberger et al., 2014).
- **Erfolgreicheres Lernen der Schüler*innen:** Gleich mehrere Studien machen deutlich, dass eine höhere Lehrkräfteselbstwirksamkeit sich positiv auf das Lernen und die Leistungen der Schüler*innen auswirkt (Caprara et al., 2006; Guo et al., 2012; Kim & Seo, 2018). Auch das fachspezifische Interesse von Schüler*innen, ihre Einstellung zum Fach sowie ihre intrinsische – also ohne äußere Belohnungen bedingte – Motivation hängen mit der Selbstwirksamkeit der Lehrkraft zusammen (Fauth et al., 2019; Lazarides et al., 2023; Mojavezi & Tamiz, 2012).

1.2 Die Rolle von Schulkontext und Berufserfahrung

Lehrkräfte sind individuell und einzigartig – ebenso natürlich ihre Schüler*innen, die Schulleitungen oder ganz generell die Rahmenbedingungen an der jeweiligen Schule. Dementsprechend verwundert es nicht, dass auch die konkreten Merkmale von Schulen und Klassen sowie die Berufserfahrung einer Lehrkraft ihre Selbstwirksamkeit beeinflussen (Fackler et al., 2021; Holzberger & Prestele, 2021; Klassen & Chiu, 2010; Lazarides et al., 2020).

Der Einfluss von Schulmerkmalen

In Studien, die die Bedeutung von Schulmerkmalen für die Lehrkräfteselbstwirksamkeit untersuchen, tauchen vor allem **zwei** Aspekte immer wieder als **förderliche Merkmale** auf: die **Zusammenarbeit mit Kolleg*innen** und ein **Führungsstil der Schulleitung**, der das Unterrichten und Lernen ins Zentrum rückt (sog. ***instructional leadership***) (Alanoglu, 2022; Çoban et al., 2020). In der großen OECD-Studie zu Arbeitsbedingungen von Lehrkräften und Schulen (*TALIS-Studie*) gaben beispielsweise Lehrkräfte, die mehr als fünfmal im vergangenen Jahr mit Kolleg*innen zusammengearbeitet hatten, eine höhere Selbstwirksamkeit an als Lehrkräfte, die weniger Zusammenarbeit erlebt hatten (OECD, 2014). Und auch wenn Schulleitungen eine klare Vision für ihre Schulen haben und sich auf das Unterrichten der Lehrkräfte sowie das Lernen der Schüler*innen konzentrieren, berichten Lehrkräfte von mehr Selbstwirksamkeit (Alanoglu, 2022; Bellibaş & Liu, 2017; Çoban et al., 2020; Fackler et al., 2021; Fackler & Malmberg, 2016). Es sei aber auch gesagt, dass die Größe des Einflusses dieser Schulmerkmale eher gering ausfällt (Fackler et al., 2021; Fackler & Malmberg, 2016). Nichtsdestotrotz zeigen die Studien, dass sich Lehrkräfte einer Schule in ihrer Selbstwirksamkeit ähnlicher sind als Lehrkräfte verschiedener Schulen (Fackler et al., 2021; Holzberger & Prestele, 2021). Das spricht dafür, dass Schulmerkmale die Selbstwirksamkeit durchaus beeinflussen können.

Der Einfluss der unterrichteten Klassen

Nebst Schulmerkmalen spielen auch Merkmale der unterrichteten Klassen für die Selbstwirksamkeit von Lehrkräften eine Rolle. Die Daten der TALIS-Studie zeigen darüber hinaus, dass Merkmale der Klassen bedeutsamer für die Lehrkräfteselbstwirksamkeit sind als Merkmale der Schule – das lässt sich über 32 verschiedene Länder hinweg feststellen (Fackler et al., 2021). So geht beispielsweise ein höheres Leistungsniveau der Klasse auch mit einer höheren Selbstwirksamkeit der Lehrkraft einher (Fackler et al., 2021). Umgekehrt berichten Lehrkräfte von einer geringeren Selbstwirksamkeit in Klassen mit mehr Fehlverhalten und Unterrichtsstörungen (Fackler et al., 2021; OECD, 2014; Zee et al., 2016). Inwiefern die Merkmale der Klassen als Ursache für die niedrigere oder höhere Selbstwirksamkeit zu betrachten sind, ist allerdings bislang nicht klar. So bleibt weiter zu erforschen, ob Klassen mit einem höheren Leistungniveau die Selbstwirksamkeit der Lehrkräfte fördern oder umgekehrt Lehrkräfte mit einer höheren Selbstwirksamkeit positiv auf das Leistungsniveau der Klasse einwirken.

Der Einfluss der Berufserfahrung

Haben sich Selbstwirksamkeitserwartungen nach einer gewissen Anfangsphase erst einmal verfestigt, geht man in der Theorie davon aus, dass sie weitestgehend stabil bleiben. Als besonders formbar gelten sie dagegen zu Beginn, wenn eine neue Kompetenz oder Fertigkeit erlernt wird (Bandura, 1997). Und auch Studien mit Lehrkräften unterstützen diese Annahmen: Vergleicht man etwa angehende mit berufstätigen Lehrkräften, so zeigt sich, dass die im Beruf stehenden Lehrkräfte ein höheres Maß an Selbstwirksamkeit aufweisen als die angehenden Lehrkräfte (Chan, 2008; Klassen & Chiu, 2011). Wenn berufstätige Lehrkräfte immer wieder befragt werden, geben sie über Jahre hinweg ähnliche Werte an – die Selbstwirksamkeit scheint bei ihnen also weitestgehend stabil zu sein (Künsting et al., 2016; Savolainen et al., 2020). Andere Studien zeigen sogar, dass eine höhere Anzahl an Berufsjahren auch mit höheren Selbstwirksamkeitserwartungen einhergeht (Fackler et al., 2021; Wolters & Daugherty, 2007). Demnach kann man annehmen, dass Berufserfahrung förderlich für die Selbstwirksamkeit von Lehrkräften ist.

Schulkontext und Berufserfahrung sind ganz offensichtlich wichtig, wenn es um die Förderung der Lehrkräfteselbstwirksamkeit geht, doch gleichzeitig lassen sich beide nur bedingt kurzfristig verändern. Um die Selbstwirksamkeit von Lehrkräften gezielt zu fördern, sind daher Maßnahmen in der Aus- und Weiterbildung von Lehrkräften ein möglicher Ansatz. In welchem Ausmaß solche Maßnahmen die Lehrkräfteselbstwirksamkeit tatsächlich fördern können und welche Merkmale erfolgreiche Maßnahmen aufweisen, haben wir deshalb in unserer Forschungssynthese (siehe Kapitel 4) untersucht. Wir haben in diesem Zuge auch erforscht, ob Lehrkräfte je nach Berufserfahrung unterschiedlich von diesen Maßnahmen profitieren.

In aller Kürze

- Lehrkräfteselbstwirksamkeit meint die Überzeugung einer Lehrkraft, ihre vielfältigen berufsspezifischen Aufgaben aufgrund ihrer eigenen Fähigkeiten erfolgreich bewältigen zu können.
- Viele Studien zeigen positive Zusammenhänge zwischen einer hohen Lehrkräfteselbstwirksamkeit, erhöhtem Wohlbefinden und höherer Unterrichtsqualität der Lehrkräfte.
- Merkmale der Schulen und Klassen können sich auf die Selbstwirksamkeit der Lehrkräfte auswirken. Positiv wirkt etwa ein Führungsstil der Schulleitung, bei dem das Lernen der Schüler*innen und der Unterricht im Fokus stehen.
- Lehrkräfte mit mehr Berufserfahrung haben eine höhere Selbstwirksamkeitserwartung als Lehrkräfte mit weniger Berufserfahrung.

2. Entstehung von Selbstwirksamkeit bei Lehrkräften

Eine hohe Selbstwirksamkeitserwartung ist für Lehrkräfte wichtig, um die zahlreichen Herausforderungen ihres Berufs zu meistern. Selbstwirksamkeitserwartungen werden zwar von Merkmalen des Schulkontexts (siehe Kapitel 1.2) beeinflusst, im Kern entstehen sie aber aus der Verarbeitung von verschiedenen Erfahrungen, den sogenannten Quellen der Selbstwirksamkeit. Die vier Quellen der Selbstwirksamkeit lassen sich auch im Zuge von Maßnahmen explizit ansprechen.

2.1 Die vier Quellen der Selbstwirksamkeit in der Lehrkräftebildung

Gemäß der sozial-kognitiven Theorie des Psychologen Albert Bandura bilden sich Selbstwirksamkeitserwartungen (Was ist Selbstwirksamkeit?, S. 7) aus der Verarbeitung von verschiedenen Erfahrungen heraus. Diese Erfahrungen kategorisiert er als vier sogenannte **Quellen der Selbstwirksamkeit** (Bach, 2022; Bandura, 1997; Morris et al., 2017):

- eigene Erfolgserfahrungen (*mastery experiences*)
- stellvertretende Erfahrungen (*vicarious experiences*)
- verbale Rückmeldungen (*social persuasion*)
- körperliche und emotionale Reaktionen (*physiological and emotional reactions*)

Um die Selbstwirksamkeit von Lehrkräften zu fördern, können Personen und Maßnahmen in der Aus- und Weiterbildung von Lehrkräften die vier Quellen berücksichtigen (siehe Kapitel 5 und Abb. 2).

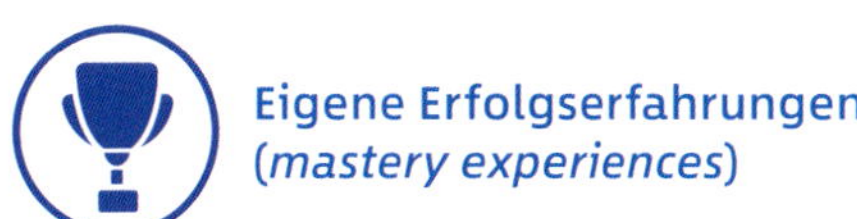

„Davor dachte ich, dass ich Probleme mit meinen Anweisungen hätte, aber während des Unterrichtens [im Praktikum] habe ich festgestellt, dass ich tatsächlich klare und einfache Instruktionen geben kann."

Zitat einer angehenden Lehrkraft (Yüksel, 2014, S. 5)

Der Begriff *mastery experiences* bezieht sich auf konkrete eigene Erfahrungen, in denen eine Situation durch persönliches Handeln erfolgreich gemeistert wurde. Diese Erfahrungen gelten als wichtigste Quelle der Selbstwirksamkeit (Bandura, 1997).

- In der **Lehramtsausbildung** bieten sich grundsätzlich zahlreiche Gelegenheiten, eigene Erfahrungen zu sammeln, etwa im Rahmen von Schulpraktika, bei denen Teile einer Unterrichtsstunde selbstständig gehalten werden. Aber auch wenn Studierende in Seminaren an der Universität erfolgreich Stundenkonzepte anfertigen oder Stundeneinstiege üben, kann das selbstwirksamkeitsförderlich sein.
- Erfahrene Lehrkräfte im Beruf können in ihrem **Berufsalltag** im Prinzip laufend eigene Erfolgserfahrungen sammeln - und davon profitieren, wenn sie sich diese bewusst machen und über Erfolge nachdenken.

Tipps für die Praxis

- Zentral ist es, **angehenden Lehrkräften viele Möglichkeiten zu bieten**, eigene Erfolgserfahrungen zu machen.
- Die Möglichkeiten sollten sich dabei am **Ausbildungsstand der angehenden Lehrkräfte orientieren** und sie weder unter- noch überfordern. Um ein passendes Anforderungsniveau zu finden, empfiehlt sich für Ausbildende ein regelmäßiger Austausch untereinander und besonders auch mit den angehenden Lehrkräften.
- Regelmäßige **Gelegenheiten zur Reflexion** können ein Ansatzpunkt sein, um die Selbstwirksamkeit von Lehrkräften zu fördern.
- Daneben bieten auch **Rollenspiele** im Zuge von Weiterbildungsangeboten Lehrkräften die Möglichkeit, sich als selbstwirksam in **neuen Situationen** zu erleben. Hier lassen sich zum Beispiel schwierige Gespräche mit Eltern oder Kolleg*innen üben.

Stellvertretende Erfahrungen (*vicarious experiences*)

„Ich hätte nie gedacht, dass die letzte Phase der Ausbildung, wo wir Kolleg*innen beobachteten und miteinander reflektierten, so nützlich sein würde. Was ich da gelernt habe, hat mich so viel selbstsicherer gemacht."

Zitat einer Lehrkraft im ersten Berufsjahr (Grammatikopoulos et al., 2013, S. 229)

Vicarious experiences, also stellvertretende Erfahrungen, entstehen durch Beobachtung. Solche stellvertretenden Erfahrungen sammelt eine Person demnach, wenn sie sieht, wie eine andere Person (ein sogenanntes Modell) eine Situation meistert. Dabei ist es nicht notwendig, die Modelle immer ‚live' vor Augen zu haben. Auch das Beobachten sogenannter *symbolic models* beispielsweise in Videoaufnahmen schafft stellvertretende Erfahrung. Vergleichbar scheint sich auch das sogenannte self-modeling auszuwirken (Self-modeling).

- Die **Lehramtsausbildung** eröffnet diverse Möglichkeiten, um stellvertretende Erfahrungen zu machen: Das kann zum Beispiel beim Beobachten des Unterrichts von erfahrenen Lehrkräften im Zuge von Schulpraktika geschehen oder bei der Analyse von Unterrichtsvideos in Seminaren (Unterrichtsvideos mit erfahrenen oder mit unerfahrenen Modellen?).
- Für **ausgebildete Lehrkräfte** können gegenseitige Unterrichtshospitationen Gelegenheiten bieten, um stellvertretende Erfahrungen zu machen.

Unterrichtsvideos mit erfahrenen oder mit unerfahrenen Modellen?

Beispielstudie von Gold und Kolleg*innen (2017)

Die Forscher*innengruppe um Gold (2017) ging der Frage nach, wie sich die Selbstwirksamkeit im Bereich Klassenführung bereits im Studium fördern lässt. Dafür verglichen sie die Effekte von drei verschiedenen Trainingsgruppen mit einer Kontrollgruppe. Im Fokus stand dabei jeweils:

- die Analyse von Videos erfahrener Lehrpersonen (Trainingsgruppe 1 | *vicarious experiences*)
- die Planung, Durchführung und Reflexion eigenen Unterrichts (Trainingsgruppe 2 | *mastery experiences*)
- die Planung, Durchführung und Reflexion des eigenen Unterrichts durch die Analyse eigener Unterrichtsvideos (Trainingsgruppe 3 | *mastery experiences + self-modeling*)
- Wissenserwerb (Kontrollgruppe)

Nur für die Trainingsgruppen 1 und 3, die jeweils Videos von erfahrenen Lehrpersonen und/oder sich selbst analysierten, fanden sich gegenüber der Kontrollgruppe signifikant höhere Anstiege in der Selbstwirksamkeit bezüglich der Klassenführung. Dieser Befund kann als Hinweis gesehen werden, dass videobasierte Analysen in der Lehramtsausbildung eine wichtige Rolle für die Förderung der Selbstwirksamkeit spielen können.

Self-modeling

Sportpsycholog*innen, die mit Leistungssportler*innen arbeiten, Instrumentalpädagog*innen, die Profimusiker*innen coachen, oder auch Verhaltenstherapeut*innen, die Klient*innen beim Erlernen neuer Verhaltensweisen unterstützen - sie alle setzen schon seit Längerem auf das sogenannte *self-modeling*. *Self-modeling* meint die Beobachtung der eigenen Person. Das kann mittels Videoaufnahmen (*video self-modeling*), aber auch in der Vorstellung (*cognitive self-modeling*) geschehen. Zwar lässt sich *self-modeling* nicht eindeutig der Quelle *vicarious experiences* zuordnen, erste empirische Studien weisen aber darauf hin, dass *self-modeling* auch das Potenzial hat, die Lehrkräfteselbstwirksamkeit zu fördern (z. B. Unterrichtsvideos mit erfahrenen oder mit unerfahrenen Modellen?).

Tipps für die Praxis

- Zeigt das beobachtete Modell **ähnliche Merkmale** (z. B. Alter, Geschlecht) sowie ein ähnliches Leistungsniveau, traut sich die beobachtende Person eher die gleichen Fähigkeiten zu. Davon gehen Theorie und Forschung aus (Adams, 2004; Bandura, 1997; Huang, 2017; Schunk, 1987). Das bedeutet, dass Studierende besonders von der Beobachtung ihrer Kommiliton*innen und Lehrkräfte von der Beobachtung ähnlicher Kolleg*innen profitieren können.
- Gemäß der einschlägigen Literatur fördert auch **das Beobachten mehrerer Situationen und verschiedener Modelle** die Selbstwirksamkeit (Bach, 2022). Für Schulpraktika oder Hospitationen von Kolleg*innen heißt das: Es lohnt sich, mehrere Unterrichtsstunden einer Lehrkraft sowie mehrere Lehrkräfte in der gleichen Klasse zu beobachten.

Verbale Rückmeldungen (*social persuasion*)

„Wir [Praktikant*innen] haben unsere Erfahrungen ausgetauscht. Es war gut zu wissen, dass ich nicht alleine bin, dass andere ähnliche Schwierigkeiten haben."

Zitat einer angehenden Lehrkraft (Charalambous et al., 2008, S. 138)

Social persuasion umfasst alle Erfahrungen verbaler Rückmeldungen. Verbale Rückmeldungen zählen als weniger starke Quelle der Selbstwirksamkeit im Vergleich mit eigenen und stellvertretenden Erfahrungen.

- Studierende erhalten während der ersten Phase der **Lehramtsausbildung** beispielsweise Rückmeldung von Lehrkräften im Praktikum zu gehaltenen Unterrichtseinheiten (Der Vorteil von videogestütztem Feedback, S. 16). Auch Gespräche mit Mentor*innen oder Feedback von Universitätsdozierenden bieten Gelegenheiten zu verbaler Rückmeldung in dieser Zeit.
- **Lehrkräfte im Beruf** erleben *social persuasion*, wenn sie beispielsweise Kolleg*innen um Feedback bitten oder sich mit außerschulischen Coaches austauschen.
- Auch **Rückmeldungen von Schüler*innen** sind für Lehrkräfte im Beruf und angehende Lehrkräfte ein Element von *social persuasion*, das die Selbstwirksamkeit beeinflussen kann (Mottet et al., 2004; Pfitzner-Eden, 2016b; Phan & Locke, 2015).

Der Vorteil von videogestütztem Feedback

Beispielstudie von Weber und Kollegen (2019)

Weber und Kollegen (2019) gingen der Frage nach, ob videogestütztes Feedback oder klassisches *face-to-face feedback* die Entwicklung der Selbstwirksamkeit in Bezug auf die Klassenführung stärker unterstützt. Beim videogestützten Feedback wird gemeinsam eine Videoaufnahme einer vorangegangenen Unterrichtsstunde analysiert, beim klassischen *face-to-face feedback* stützen sich alle Beteiligten auf ihre Erinnerungen an eine zuvor gesehene Unterrichtsstunde. Im Zeitraum eines vierwöchigen Unterrichtspraktikums führten 121 Studierende vier Unterrichtsstunden durch. Zu zwei dieser vier Stunden erhielten die Studierenden Feedback.

Es zeigte sich, dass über die Dauer des Praktikums hinweg die Selbstwirksamkeit im Bereich Klassenführung zunahm. Den größten Zuwachs verzeichneten die Studierenden, die videogestütztes Feedback sowohl von ihren Kommilitonen als auch von den Lehrkräftebildner*innen erhalten hatten.

Die Autor*innen bringen zwei Erklärungen, warum videogestütztes Feedback vorteilhafter als *face-to-face feedback* sein kann. Man nimmt an, dass die gemeinsame Videogrundlage die Lücke zwischen Fremd- und Selbstwahrnehmung verringert, weshalb das Feedback dann leichter angenommen werden kann. Gleichzeitig gilt videogestütztes Feedback als konkreter und handlungsbezogener als *face-to-face feedback* und löst deshalb eher Verhaltensänderungen aus (Lee & Wu, 2006; Prilop et al., 2020).

Tipps für die Praxis

- Rückmeldungen sollten **auf persönliche Fähigkeiten** und den **individuell erreichten Fortschritt** fokussieren (Konstruktiv Feedback geben). Reine emotionale Unterstützung oder reines Aufzeigen von Fehlern tragen dagegen nicht zur Selbstwirksamkeit bei.
- Wichtig ist es, dass die Person, die Rückmeldung erhält, den Feedback-Gebenden **glaubwürdige Expertise** zuschreibt.
- Feedback-Gebende sollten sich ihrer **hohen Verantwortung bewusst sein**, denn Feedback kann der Selbstwirksamkeit auch schaden.

Konstruktiv Feedback geben

Schon seit Jahrzehnten beschäftigt sich die Kommunikationswissenschaft mit erfolgreichem Feedback. Wie sollten Rückmeldungen gestaltet sein, damit das Gegenüber sie gut annehmen und umsetzen kann? Aus verschiedenen Modellen lassen sich die folgenden Handlungsempfehlungen ableiten (Fengler, 2009; Rosenberg, 2016):

1. **Bereitschaft erfragen:** Ist das Gegenüber aktuell bereit dazu, eine Rückmeldung zu empfangen?
2. **Situation klar definieren:** Um welche Situation soll es in der Rückmeldung gehen?
3. **Wahrnehmung sachlich beschreiben:** Wie wurde die Situation wahrgenommen? Auch Außenstehende sollten die Wahrnehmung nachvollziehen können.
4. **Wirkung beschreiben:** Welche Wirkung hatte das Verhalten der beobachteten Person in der Situation auf die feedbackgebende Person und andere?
5. **Wunsch formulieren:** Wie kann sich die Person in Zukunft verhalten? Dabei am besten möglichst konkrete Handlungsalternativen aufzeigen.
6. **Positiv formulieren:** Das menschliche Gehirn kennt kein Nein. Daher am besten auf Verneinungen verzichten.

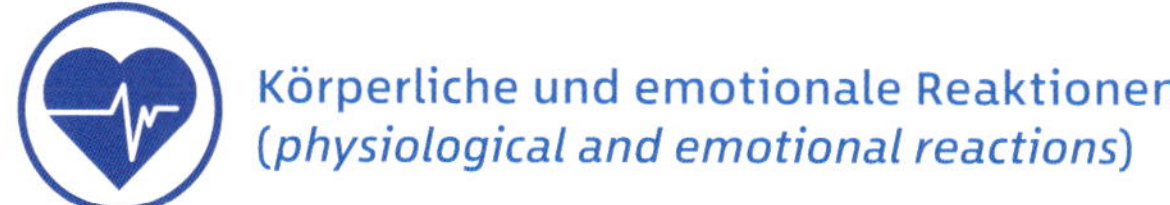

Körperliche und emotionale Reaktionen (*physiological and emotional reactions*)

„Ich war zu aufgeregt vor meinem ersten Unterricht. Ich weiß nicht, warum ich mich so gefühlt habe. Ich war mir sicher, dass ich bereit bin, selbst zu unterrichten."

Zitat einer angehenden Lehrkraft (Yüksel, 2014, S. 5)

Die Wahrnehmung von körperlichen und emotionalen Reaktionen wie Herzklopfen und deren Interpretation beispielsweise als Angst oder Freude ist die vierte Quelle der Selbstwirksamkeit. *Physiological and emotional reactions* gelten im Vergleich zu *mastery experiences* als schwächere Quelle der Selbstwirksamkeit.

- Manche Universitäten bieten spezielle Lampenfieber- oder Auftrittstrainings an, bei denen **Lehramtsstudierende** einen guten Umgang mit Aufregung und Angst lernen können. Auch Begleitlehrkräfte im Praktikum können gerade bei den ersten eigenen Unterrichtsversuchen geeignete Strategien zum Umgang mit *physiological and emotional reactions* thematisieren.
- **Lehrkräfte im Beruf** können Reattributionstechniken nutzen, die es ermöglichen, körperlichen und emotionalen Reaktionen veränderliche und selbstwirksamkeitsförderliche Ursachen zuzuschreiben. Auch Techniken aus Entspannungsverfahren wie der progressiven Muskelrelaxation oder dem autogenen Training sowie Kurse zum Umgang mit Stress können wertvoll sein, um körperliche und emotionale Reaktionen für sich und die eigene Selbstwirksamkeit einzusetzen (Achtsamkeitstraining für Lehrkräfte, S. 20).

- Erregungszustände sind nicht per se negativ zu beurteilen. Ein **moderates Erregungsniveau** führt gemäß Forschungserkenntnissen häufig sogar zu einer optimalen Leistung (Arent & Landers, 2003; Jeong & Biocca, 2012; Keeley et al., 2008).
- Ein **positiver und funktionaler Umgang** mit Erregungszuständen wie Lampenfieber und Aufregung **lässt sich lernen**, wie zahlreiche Studien mit Künstler*innen und Leistungssportler*innen zeigen (Balk et al., 2013; Moore et al., 2015; Spahn, 2012).
- Nützlich ist es, den körperlichen und emotionalen Reaktionen positive Ursachen zuzuschreiben, also eine **positive Attribution** vorzunehmen: Verknüpft eine Lehrkraft einen erhöhten Herzschlag vor der Unterrichtsstunde etwa mit mangelnder Vorbereitung oder fehlenden Fähigkeiten, kann das die Selbstwirksamkeitserwartung verringern. Schreibt sie dagegen den erhöhten Herzschlag der positiven Vorfreude auf eine neue Stunde und Situation zu, kann das die Selbstwirksamkeitserwartung erhöhen (Pfitzner-Eden, 2016b).
- Die **Zuschreibung von Ursachen** (Attribution) für die jeweiligen körperlichen und emotionalen Reaktionen kann gut im Gespräch mit anderen, erfahrenen Personen **überprüft** werden. Das hilft, Verzerrungen bei der Ursachenzuschreibung zu vermeiden.

Selbstwirksamkeit lässt sich auf vielfältige Art und Weise mit Hilfe der vier Quellen aufbauen (s. Abb. 2). Eigene Erfolgserfahrungen (*mastery experiences*) gelten dabei als die wichtigste Quelle der Selbstwirksamkeit (Bandura, 1997). Ob *mastery experiences* tatsächlich die wichtigste Quelle für die Förderung der Lehrkräfteselbstwirksamkeit sind oder ob die anderen Quellen genauso förderlich sein können, ist allerdings bislang nicht empirisch untersucht. Dieser Frage geht daher die hier vorgestellte Forschungssynthese (siehe Kapitel 4) nach.

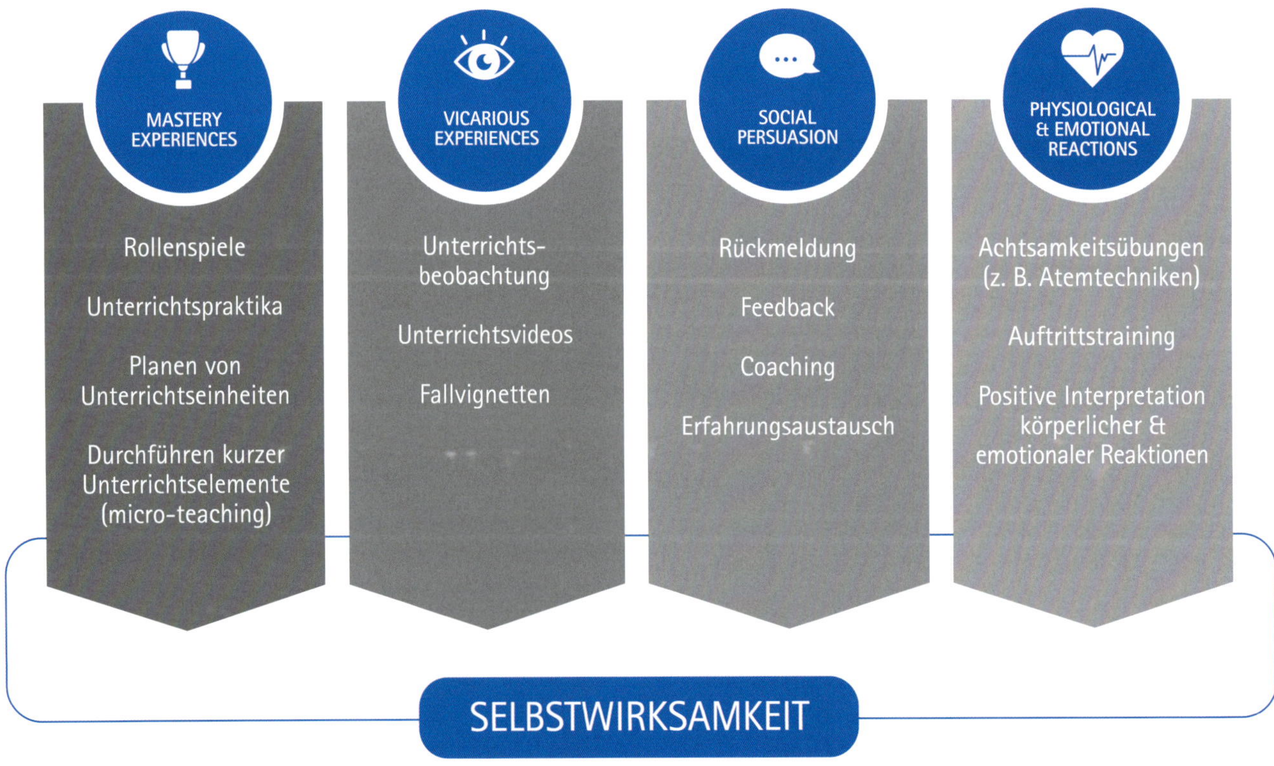

Abb. 2: Die vier Quellen der Selbstwirksamkeit mit Beispielen aus der Lehrkräftebildung

2.2 Maßnahmen zur Förderung der Lehrkräfteselbstwirksamkeit

In den letzten Jahren wurden zahlreiche Maßnahmen entwickelt, um die Lehrkräfteselbstwirksamkeit zu fördern. Sie unterscheiden sich nicht nur in Dauer und Zielgruppe, sondern auch in den Quellen der Selbstwirksamkeit (siehe Kapitel 2.1), die sie ansprechen. In diesem Kapitel greifen wir **Praktika**, kompetenzorientierte **Trainings** und gemeinsame **Unterrichtsentwicklung** als drei mögliche Arten von Maßnahmen heraus. Wir erläutern die Charakteristika dieser drei Ansätze und stellen jeweils eine Beispielstudie vor, welche die Wirksamkeit der Maßnahme untersucht hat. Im gesamten Themenheft finden Sie immer wieder Beispielstudien, die weitere Maßnahmen aufzeigen. Im Anhang dieses Themenhefts zeigen wir in einer Übersicht (S. 40), welche Quellen der Selbstwirksamkeit diese Beispielstudien jeweils adressieren.

Praktika

Praktika sind in den Lehramtsstudiengängen in Deutschland fest verankert. Sie verbinden theoretisches Lehramtsstudium mit schulischer Praxis. So können angehende Lehrkräfte unter Anleitung erste Erfahrungen im Schulumfeld sammeln und diese reflektieren. Manche Praktika in den Schulen finden im Block statt, bei anderen sind die Studierenden jede Woche über ein ganzes Semester einen oder mehrere Tage im Unterricht dabei. Auch die inhaltlichen Elemente der Praktika variieren. Üblicherweise starten die Studierenden damit, erfahrene Lehrkräfte beim Unterrichten zu beobachten. Danach übernehmen sie zunächst einen Teil einer Unterrichtsstunde, bis sie schließlich eigenständig eine ganze Unterrichtsstunde halten. Zu den Erfahrungen im Praktikum gehört es, dass die Studierenden vorhandene Materialien verwenden, aber auch, dass sie eigenständig Unterrichtsmaterial vorbereiten und im Unterricht testen.

Im Rahmen der Praktika können Lehramtsstudierende so nicht nur stellvertretende Erfahrungen (*vicarious experiences*) machen, sondern insbesondere konkrete eigene Erfahrungen (*mastery experiences*) bei der Unterrichtsvorbereitung, beim Unterrichten, in der Klassenführung und im Beziehungsaufbau mit Schüler*innen sammeln. Nicht zuletzt profitieren Lehramtsstudierende auch von verbalen Rückmeldungen (*social persuasion*) der Schüler*innen, Mitstudierenden und insbesondere der Begleitlehrkräfte im Praktikum. Zum Aufbau von Selbstwirksamkeit sind Praktika somit ein äußerst wichtiges Element der Lehrkräfteausbildung (Ein Praktikum mit App und Mentoring).

Ein Praktikum mit App und Mentoring
Beispielstudie von Michos und Kolleg*innen (2022)

Praktika sind ein wichtiges Element der Lehramtsausbildung. Entsprechend hat eine Gruppe von Bildungswissenschaftler*innen um Michos (2022) untersucht, wie sich ein vierwöchiges Praktikum auf die Selbstwirksamkeit von 81 angehenden Grundschullehrkräften auswirkt. Eine Besonderheit des Praktikums bestand im Einsatz einer begleitenden mobilen App, die die angehenden Lehrkräfte mindestens zweimal pro Woche zur schriftlichen Reflexion aufforderte.

Die Ergebnisse von Michos und Kolleg*innen (2022) zeigten, dass das Praktikum die Selbstwirksamkeit insgesamt positiv beeinflusst. So hatten die an der Studie teilnehmenden Lehramtsstudierenden nach dem Praktikum höhere Selbstwirksamkeitserwartungen als davor. Dabei machte es keinen Unterschied, ob die praktikumsbegleitende App genutzt wurde oder nicht. Studierende, die die App nutzten und dabei aber zusätzlich Unterstützung von Mentor*innen bekamen, zeigten einen größeren Zuwachs an Selbstwirksamkeit.

Kompetenzorientierte Trainings

Trainings bieten Lehrkräften die Möglichkeit, sich in verschiedenen Bereichen weiterzubilden. Dabei stehen sowohl themenspezifische als auch themenunspezifische Trainings zur Auswahl. **Themenspezifische Trainings**, wie beispielsweise ein mehrtägiges Training zum Thema Klassenführung (Ein Klassenführungstraining für Referendar*innen), fokussieren berufsspezifische Kompetenzen von Lehrkräften. **Themenunspezifische Trainings**, wie beispielsweise ein Achtsamkeitstraining (Achtsamkeitstraining für Lehrkräfte), vermitteln allgemeine Kompetenzen, die zwar nicht berufsspezifisch sind, aber dennoch indirekt die Selbstwirksamkeit von Lehrkräften erhöhen können.

Ein Klassenführungstraining für Referendar*innen

Beispielstudie von Dicke & Kolleg*innen (2015)

In einer Studie von Dicke und Kolleg*innen (2015) nahmen insgesamt 97 Referendar*innen entweder an einem Klassenführungstraining, einem Stressmanagementtraining oder als Kontrollgruppe an keinem Training teil.

Die Dauer und Methodik der beiden Trainingsgruppen waren ähnlich. Im Klassenführungstraining übten die Referendar*innen unter anderem die Einführung von Regeln und Routinen oder den Umgang mit problematischem Verhalten von Schüler*innen. Teilnehmende des Stressmanagementtrainings beschäftigten sich mit persönlichen Stressoren und möglichen Techniken zur Stressbewältigung.

Die Ergebnisse zeigten, dass Teilnehmende beider Trainings auch ein Jahr nach dem Training noch deutlich höhere Werte in der Klassenführungsselbstwirksamkeit aufwiesen als die Studienteilnehmenden aus der Kontrollgruppe ohne Training. Die höchsten Zuwächse zeigten sich für die Teilnehmenden des Klassenführungstrainings. Kompetenzorientiertes Training kann die Selbstwirksamkeit also gezielt steigern.

Achtsamkeitstraining für Lehrkräfte

Beispielstudie von de Carvalho und Kolleg*innen (2021)

Die Studie von de Carvalho und Kolleg*innen (2021) zielte darauf ab, die Effekte des achtsamkeitsbasierten Programms *Atentamente* für Lehrkräfte an portugiesischen Grundschulen zu evaluieren. 123 Grundschullehrer*innen nahmen an dem Programm teil (Trainingsgruppe), 105 Grundschullehrer*innen bildeten die Kontrollgruppe, die nicht am Training teilnahm.

Die Teilnehmer*innen der Trainingsgruppe erlernten über einen Zeitraum von 10 Wochen Achtsamkeitspraktiken zum Stressabbau, zur emotionalen Selbstregulierung und zur Selbstfürsorge.

Nach über fünf Monaten zeigte sich: Nur die Teilnehmenden der Trainingsgruppe hatten eine signifikant höhere Selbstwirksamkeit als davor. Bei der Kontrollgruppe hatte sich die Selbstwirksamkeit nicht verändert.

Gemeinsame Unterrichtsentwicklung

Wie in Kapitel 1.2 erläutert, berichten Lehrkräfte von einer höheren Selbstwirksamkeit, wenn sie mehr Gelegenheiten haben mit ihren Kolleg*innen zusammenzuarbeiten (Çoban et al., 2020; OECD, 2014). Deshalb verwundert es nicht, dass auch spezielle Maßnahmen, bei denen Zusammenarbeit stattfindet, die Selbstwirksamkeit von Lehrkräften direkt fördern können. Zwei Beispiele dafür sind die **Zusammenarbeit mit Coaches** und die Maßnahme ***Lesson Study***. In der Zusammenarbeit mit Coaches können Lehrkräfte selbstbestimmt an speziellen Unterrichtssituationen und -interaktionen feilen und sich detailliertes Feedback holen (Coaching als Motor für Lehrkräfteselbstwirksamkeit). Bei der Maßnahme *Lesson Study* (Lesson Study) entwickeln Lehrkräfte gemeinsam Unterricht weiter: Sie planen zusammen eine Unterrichtsstunde und beobachten die Wirkung dieser Unterrichtsstunde auf das Lernen der Schüler*innen.

Coaching als Motor für Lehrkräfteselbstwirksamkeit

Beispielstudie von Hoogendijk und Kolleg*innen (2018)

In der Studie von Hoogendijk und Kolleg*innen (2018) wurden die Effekte des Programms *Key2Teach* auf die Selbstwirksamkeit und die emotionale Erschöpfung von Lehrkräften evaluiert. Ziel des *Key2Teach*-Programms ist es, konfliktreiche Beziehungen zwischen Lehrkräften und Schüler*innen mit externalisierendem Problemverhalten - dazu gehören etwa Hyperaktivität oder aggressives Verhalten - zu verbessern.

Key2Teach nutzt dafür in erster Linie ein individuelles Coaching, das sich über zwölf Termine erstreckt. Gemeinsam mit Coaches analysieren die teilnehmenden Lehrkräfte hier kritische Situationen in eigenen Unterrichtsvideos. Darüber hinaus findet auch Live-Coaching statt, bei dem Coaches die Lehrkräfte jeweils simultan über einen Knopf im Ohr direkt im Unterrichtsgeschehen unterstützen.

Direkt nach Abschluss des Coachings berichteten die teilnehmenden Lehrkräfte höhere Selbstwirksamkeitswerte im Bereich Lehrstrategien. Außerdem baute sich laut den Teilnehmenden eine größere Nähe zu den Schüler*innen auf, die indirekt wiederum die Selbstwirksamkeitserwartungen in den Bereichen Klassenführung und Motivieren von Schüler*innen erhöhte.

Lesson Study

Beim ursprünglich aus Japan stammenden Ansatz arbeitet eine Gruppe von Lehrkräften bei der Planung, Durchführung und Reflexion von Unterrichtsstunden zusammen. Während eine Lehrkraft jeweils die Unterrichtsstunde hält, beobachten die anderen Lehrkräfte die Klasse. Im Anschluss passt die gesamte Gruppe von Lehrkräften gemeinsam die Unterrichtsstunde gemäß der Beobachtungen an. So lässt sich die Wirkung des gemeinsam entwickelten Unterrichtskonzepts mit Fokus auf den Lernprozessen der Schüler*innen testen und weiterentwickeln (Schipper et al., 2020; Sliwka & Klopsch, 2020).

In aller Kürze

- Nach der sozial-kognitiven Theorie des Psychologen Albert Bandura beruhen Selbstwirksamkeitserwartungen auf der Verarbeitung von verschiedenen Erfahrungen. Diese Erfahrungen lassen sich in **vier Quellen der Selbstwirksamkeit** einteilen.
- Die vier Quellen der Selbstwirksamkeit sind **eigene Erfolgserfahrungen** (*mastery experiences*), **stellvertretende Erfahrungen** (*vicarious experiences*), **verbale Rückmeldungen** (*social persuasion*) und **körperliche und emotionale Reaktionen** (*physiological and emotional reactions*).
- Eigene Erfolgserfahrungen (*mastery experiences*) gelten als stärkste Quelle der Selbstwirksamkeit.
- Maßnahmen zur Förderung der Lehrkräfteselbstwirksamkeit tragen vielfältige Bezeichnungen (z. B. Praktika, Kompetenztrainings). Fast alle Maßnahmen lassen sich mithilfe der vier Quellen der Selbstwirksamkeit analysieren und vergleichen.

3. Was ist eine Forschungssynthese und wozu ist sie nützlich?

Heutzutage gibt es zu vielen Themen im Bildungsbereich eine fast unüberschaubare Menge an wissenschaftlichen Studien. Das macht es schwierig, den Überblick über den jeweiligen Forschungsstand zu behalten. Forschungssynthesen (☐ Arten von Forschungssynthesen) als wissenschaftliche Methode können hier sehr hilfreich sein. Denn sie helfen, Forschungsergebnisse sinnvoll zu überblicken, zu diskutieren und zusammenzufassen.

Eine Forschungssynthese ist eine systematische, auf wissenschaftlichen Methoden basierende Zusammenfassung bereits vorhandener wissenschaftlicher Erkenntnisse.

☐ Arten von Forschungssynthesen

- **Metaanalysen** fassen die Ergebnisse von vielen Einzelstudien, die neue und bislang noch nicht erforschte quantitative Daten erheben (sogenannte Primärstudien), mit Hilfe statistischer Methoden zusammen.
- **Systematische Reviews** fassen die Ergebnisse von Primärstudien narrativ zusammen, geben also einen beschreibenden Überblick über die aktuelle Forschungslage.
- **Second-Order-Metaanalysen/Second-Order-Reviews** fassen wiederum die Ergebnisse von mehreren Metaanalysen oder systematischen Reviews zusammen.

Im Rahmen von Forschungssynthesen werden viele verschiedene Einzelstudien zusammengeführt, um so einen Überblick über die bestehenden Forschungsergebnisse, deren Qualität und Unterschiede zu erhalten. Meist stammen die Einzelstudien aus vielen verschiedenen Ländern (☐ Chancen internationaler Bildungsforschung). Durch die größere Datenbasis von Forschungssynthesen lässt sich mit diesen besser einschätzen, welche Maßnahmen unter welchen Bedingungen besonders gut wirken.

Ein kurzes Video mit den wichtigsten Infos zur Methode Forschungssynthese finden Sie auf:

www.edu.sot.tum.de/suf/forschungssynthese

☐ Chancen internationaler Bildungsforschung

- Internationale Studien können Gemeinsamkeiten und Unterschiede zwischen den Bildungs- und Schulsystemen verschiedener Länder beschreiben.
- Hindernisse und Problemstellungen, die in anderen Ländern aufgetreten sind, können Hinweise auf mögliche kommende Herausforderungen im eigenen Land bieten.
- Ebenso können Methoden und Fördermaßnahmen, die sich in einem anderen Land als wirksam erwiesen haben, wichtige Anregungen für die eigene Bildungspraxis liefern.

Dabei können Forschungssynthesen konkret helfen:

Überblick schaffen. Forschungssynthesen werden dazu eingesetzt, bereits vorhandene Forschungsbefunde systematisch zusammenzufassen und zugleich Forschungslücken und -defizite aufzuzeigen.

Unterschiede diskutieren. Ein weiterer Vorteil einer Forschungssynthese besteht darin, dass sich mit ihr Ergebnisse von Einzelstudien gegenüberstellen und Gründe für mögliche Widersprüche untersuchen lassen. Beispielsweise untersuchen manche Einzelstudien der vorliegenden Forschungssynthese die Wirkung von Maßnahmen mit *Lehrkräften im Beruf* und andere wiederum untersuchen die Wirkung von Maßnahmen mit *angehenden Lehrkräften*. Durch die umfassende Betrachtung einer Vielzahl von Einzelstudien kann untersucht werden, ob der Unterschied in der Berufserfahrung einen Einfluss auf das Ergebnis, also die Wirkung der Maßnahmen zur Förderung der Selbstwirksamkeit hat.

Die Generalisierbarkeit von Ergebnissen einschätzen. Forschungssynthesen bieten die Möglichkeit, Ergebnisse über die spezifischen Rahmenbedingungen von Einzelstudien hinaus zu verallgemeinern. So kann eine Einzelstudie lediglich Aussagen über den spezifischen Kontext ihrer Untersuchung liefern (z. B. Schulform, Schulfach, Land). Während also Einzelstudien beispielsweise nur mit großem Aufwand Unterschiede zwischen Ländern analysieren können, berücksichtigt eine Forschungssynthese hingegen in der Regel Studien aus verschiedenen Ländern. So lässt sich auch untersuchen, ob das Land einen Einfluss auf das Ergebnis hat.

Es gibt aber auch Grenzen von Forschungssynthesen:

Publikationsverzerrungen. Bestimmte Studienergebnisse werden eventuell eher in wissenschaftlichen Fachzeitschriften veröffentlicht als andere Studienergebnisse. Es ist zum Beispiel schwieriger, Studien zu publizieren, die keine Effekte, also keine Unterschiede oder Zusammenhänge, oder erwartungswidrige Effekte finden. Somit fehlen tendenziell negative Befunde oder Befunde ohne Effekt in den veröffentlichten Einzelstudien. Dadurch kann das Gesamtergebnis der Forschungssynthese ebenfalls (z. B. zu positiv) verzerrt sein.

Qualität und Anzahl der Studien. Die Ergebnisse einer Forschungssynthese sind immer von der Anzahl der zur Verfügung stehenden Studien und deren Qualität abhängig. Die Beurteilung der Qualität ist dabei aber nicht immer einfach, da zahlreiche Merkmale einer Studie diese beeinflussen können. Liegen zu einem bestimmten Themenbereich nur wenige Studien oder Studien mit geringer Qualität vor, so weisen die Ergebnisse von Forschungssynthesen eine eingeschränkte Belastbarkeit auf.

Forschungssynthesen sind eine geeignete Methode, um den aktuellen Stand der Forschung zu reflektieren und Anhaltspunkte für die Praxis, etwa zur Wirkung von schulischen Maßnahmen, zu liefern (Holzberger & Ziernwald, 2020). Nicht nur die Wissenschaft selbst, sondern auch Bildungspolitik, -administration und -praxis können von diesen Erkenntnissen profitieren.

In aller Kürze

- Forschungssynthesen fassen systematisch eine Vielzahl von Einzelstudien zusammen.
- Forschungssynthesen bieten einen **Überblick über den Forschungsstand** zu einer bestimmten Fragestellung.
- Forschungssynthesen erschließen eine **große Datenbasis** und lassen so allgemeine Rückschlüsse zu einem bestimmten Forschungsthema zu.

4. Forschungssynthese zur Förderung der Selbstwirksamkeit von Lehrkräften

Zur Förderung der Selbstwirksamkeit von Lehrkräften gibt es bereits viele Einzelstudien, die grundsätzlich nahelegen, dass sich die Selbstwirksamkeit von Lehrkräften fördern lässt. Einen kleinen Teil dieser Einzelstudien stellen wir in unseren Beispielstudien im gesamten Themenheft vor (siehe Übersicht, S. 40). Allerdings fehlt es bislang an einer systematischen Auswertung dieser Einzelstudien. Diese systematische Auswertung im Rahmen unserer Forschungssynthese ermöglicht es uns, allgemeine Schlüsse zu den Wirkungen und Wirkmechanismen von Maßnahmen zur Förderung der Lehrkräfteselbstwirksamkeit zu ziehen.

4.1 Ziele der Forschungssynthese

Unsere Forschungssynthese zielt darauf ab, den aktuellen Forschungsstand zur Förderung der Selbstwirksamkeit von Lehrkräften durch Maßnahmen systematisch zusammenzufassen und theoretische Annahmen zur Rolle der Berufserfahrung (siehe Kapitel 1.2) und der vier Quellen der Selbstwirksamkeit (siehe Kapitel 2.1) datengeleitet zu überprüfen. Bisherige Studien deu-ten bereits darauf hin, dass Maßnahmen die Selbstwirksamkeit von Lehrkräften fördern können. Doch die folgenden Fragen bleiben in der bisherigen Forschung unbeantwortet:

- **Wie stark können Maßnahmen die Lehrkräfteselbstwirksamkeit fördern?**
- **Welche Rolle spielt die Berufserfahrung für die Förderung der Lehrkräfteselbstwirksamkeit durch Maßnahmen?**
- **Welche Rolle spielen die vier Quellen der Selbstwirksamkeit für die Förderung der Lehrkräfteselbstwirksamkeit?**

Im Zuge unserer Forschungssynthese haben wir alle Beispielstudien aus dem Themenheft, die Maßnahmen zur Förderung von Selbstwirksamkeit vorstellen, sowie viele weitere Studien, die die Wirkungen von Maßnahmen zur Förderung der Selbstwirksamkeit evaluieren, statistisch zusammengefasst.

4.2 Methodisches Vorgehen

Um die Forschungsfragen im Rahmen unserer Forschungssynthese zu beantworten, haben wir die folgenden notwendigen Schritte unternommen (s. Abb. 3).

Detailliertere Informationen zum methodischen Vorgehen finden sich im technischen Zusatzmaterial auf www.edu.sot.tum.de/suf/selbstwirksamer-vor-der-klasse-zusatzmaterial.

Schritt 1: Literaturrecherche

Zunächst sichteten wir umfassend Studien und Literatur zum Thema. Dafür legten wir **relevante Schlagwörter** fest, mit denen wir anschließend eine gezielte Literatursuche, vor allem in elektronischen Datenbanken, durchführten.

Die Schlagwortkombination beinhaltete verschiedene Synonyme für

- die Zielgruppe (z. B. *Lehramtsstudierende* oder *Lehrkräfte*),
- die in der Synthese untersuchte Variable *Selbstwirksamkeit*,
- das Vorhandensein einer Maßnahme (z. B. *Training*).

Da Studien im Rahmen der internationalen Bildungsforschung üblicherweise in englischer Sprache verfasst sind, haben wir die beschriebene Suche sowohl mit deutschen als auch den entsprechenden englischen Schlagwörtern durchgeführt.

Schritt 2: Ein- und Ausschlusskodierung

Im Anschluss an die Literaturrecherche sichteten wir Titel und Kurzzusammenfassungen (sog. *Abstracts*) der gefundenen Studien. Gemäß den vorab festgelegten Kriterien wurde für jede Studie entschieden, ob sie in die Forschungssynthese eingeschlossen wird.

Um eingeschlossen zu werden, musste eine Studie unter anderem folgende Kriterien erfüllen:

- Untersuchung von **Lehrkräften**, die in der **Primar- oder Sekundarstufe** unterrichten oder später unterrichten wollen
- Messung der **Lehrkräfteselbstwirksamkeit** mindestens zweimal, nämlich **vor und nach** der **Maßnahme** (sog. *Pre-* und *Posttest*)

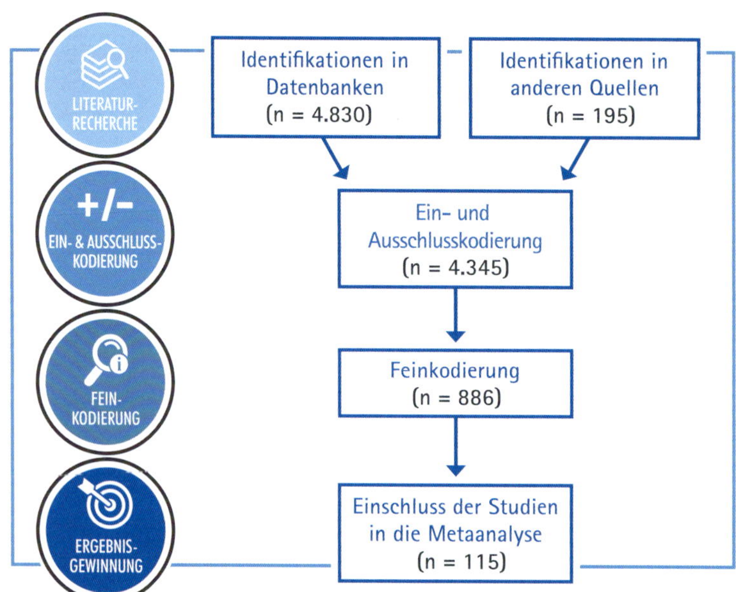

Abb. 3: Übersicht über das methodische Vorgehen bei der vorliegenden Forschungssynthese; n *steht für die jeweilige Anzahl der Studien*

Schritt 3: Feinkodierung

Nach einer ersten Vorauswahl in Schritt 2 nahmen wir im Rahmen der Feinkodierung den jeweiligen **Gesamttext der Einzelstudien** in den Blick. In diesem Schritt fokussierten wir uns auf die Aspekte der Studien, die wir zur Beantwortung der Forschungsfragen benötigten. Es wurden weitere Studien ausgeschlossen, die entweder nicht zu unseren Kriterien passten oder bei denen nicht alle Informationen zur Berechnung der Effektstärke (☐ Was ist mit Effektstärke gemeint?) ausreichend dargestellt waren.

Schritt 4: Ergebnisgewinnung

Bei der von uns durchgeführten Forschungssynthese handelt es um eine Metaanalyse (☐ Arten von Forschungssynthesen, S. 23). Nach der Feinkodierung wurden die Ergebnisse der Einzelstudien demnach statistisch zu einer **durchschnittlichen Effektstärke** zusammengefasst.

☐ Was ist mit Effektstärke gemeint?

Effektstärke bezeichnet ein statistisches und standardisiertes Maß, welches die Stärke eines Effekts beschreibt. In unserer Forschungssynthese bestimmen wir etwa die Wirkung von Maßnahmen zur Förderung von Selbstwirksamkeit. Die *Effektstärke* lässt sich anhand eines Zahlenwerts angeben (Hedges' *g*). Je höher dieser Wert, desto stärker der Effekt, also in unserem Fall die Wirkung der Maßnahmen.

4.3 Ergebnisse der Forschungssynthese: Wie lässt sich die Selbstwirksamkeit von Lehrkräften fördern?

In die Ergebnisse unserer Forschungssynthese sind die Daten aus **115 Einzelstudien** eingeflossen.[1] Insgesamt stützen sich unsere Ergebnisse damit auf die **Angaben von über 11 200 Lehrkräften aus 26 Ländern**. Etwa die Hälfte der Lehrkräfte war bereits im Beruf tätig, die andere Hälfte befand sich noch im Studium.

Die Lehrkräfteselbstwirksamkeit lässt sich mithilfe von Maßnahmen fördern.

Unsere Forschungsergebnisse zeigen, dass sich die Lehrkräfteselbstwirksamkeit mithilfe von Maßnahmen fördern lässt (g = 0,47). Die Größe der Effektstärke (☐ Was ist mit Effektstärke gemeint?) ist gerade deshalb vielversprechend, weil sie die Effektstärken vergleichbarer Forschungssynthesen, die sich mit Maßnahmen zur Steigerung des Wohlbefindens oder zur Reduzierung von Burnout-Symptomen von Lehrkräften beschäftigt haben, übertrifft (z. B. Iancu et al., 2018; Oliveira et al., 2021).

Maßnahmen können die Lehrkräfteselbstwirksamkeit von Lehramtsstudierenden und Lehrkräften im Beruf gleichermaßen fördern.

Die Berufserfahrung scheint grundsätzlich keine Rolle zu spielen, wenn es um die Förderung der Lehrkräfteselbstwirksamkeit durch Maßnahmen geht. Sowohl Lehrkräfte in Ausbildung als auch Lehrkräfte im Beruf profitieren in gleichem Ausmaß von den Maßnahmen. Daraus können wir ableiten, dass sich die Lehrkräfteselbstwirksamkeit über die gesamte Berufslaufbahn hinweg gezielt fördern lässt. Da die uns vorliegenden Studien jedoch die Lehrkräfte im Beruf als Gesamtgruppe betrachten und nicht etwa nach Anzahl der Berufsjahre unterteilen, konnten auch wir dahingehend keine weiteren Unterscheidungen treffen. Bestehende Forschungsergebnisse weisen aber darauf hin, dass Lehrkräfte etwa das erste Berufsjahr als besonders herausfordernd und sich währenddessen als wenig selbstwirksam erleben (Swan et al., 2011; Woolfolk Hoy & Spero, 2005).

Selbst unterrichten, andere beim Unterrichten beobachten oder von Kolleg*innen Rückmeldungen erhalten – all das kann die Selbstwirksamkeit stärken.

In unserer dritten Forschungsfrage haben wir analysiert, welche Rolle die Ansprache der vier Quellen der Selbstwirksamkeit (siehe Kapitel 2.1) in den Maßnahmen für die Förderung der Lehrkräfteselbstwirksamkeit spielt. Unser Augenmerk lag hier besonders auf der Frage: Macht es einen Unterschied, ob Maßnahmen die Quellen der Selbstwirksamkeit einzeln oder in Kombination mit anderen Quellen ansprechen?

Unsere Analysen zeigen: Ob allein oder in Kombination, die **Selbstwirksamkeit lässt sich bei Lehrkräften anhand von allen Quellen positiv beeinflussen** (s. Abb. 4). Die Effektstärken variieren nur geringfügig. Das heißt, dass die Quellen alle das Potenzial haben, die Selbstwirksamkeit von Lehrkräften zu stärken. Unsere Analysen offenbaren aber auch, dass bisherige Maßnahmen die Quelle *physiological and emotional reactions* vernachlässigen. Diese Quelle kam so selten vor, dass wir dahingehend keine statistischen Analysen durchführen konnten. Dabei könnten gerade angehende Lehrkräfte von Strategien zum Umgang mit aufkommenden Erregungszuständen profitieren.

---

1 Die Referenzen aller 115 Studien finden Sie im Zusatzmaterial unter www.edu.sot.tum.de/suf/selbstwirksamer-vor-der-klasse-zusatzmaterial.

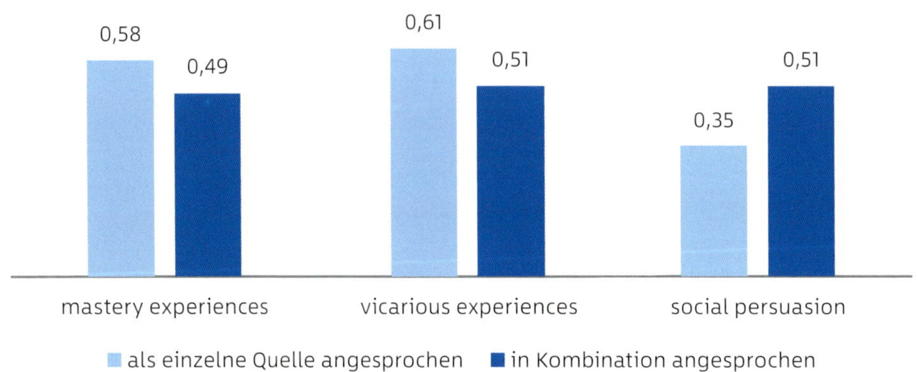

Abb. 4: Unterschiede in der Wirkung der Maßnahmen je nach angesprochenen Quellen in der Maßnahme[2] (angegeben in Hedges g)

Die größten Wirkungen zeigen Maßnahmen, bei denen angehende Lehrkräfte und Lehrkräfte im Beruf eigene Erfolgserfahrungen (*mastery experiences*, g = 0,58) machen oder eine Erfahrung beobachten (*vicarious experiences*, g = 0,61). In unserer Metaanalyse konnten wir allerdings nicht untersuchen, ob *alle* Teilnehmenden im Zuge der Maßnahme eine *erfolgreiche* Erfahrung gemacht oder beobachtet haben oder ob manche Personen auch mit einem Misserfolg konfrontiert waren. In der Forschung wird noch diskutiert, wie sich Misserfolge auf die Selbstwirksamkeit auswirken. Erste Studien zeigen aber, dass auch die Beobachtung von Misserfolgen die Selbstwirksamkeit von Lehrkräften steigern kann (Können auch erfolglose Modelle die Lehrkräfteselbstwirksamkeit fördern?).

Können auch erfolglose Modelle die Lehrkräfteselbstwirksamkeit fördern?
Beispielstudie von Thiel und Kolleginnen (2020)

Videos von Unterrichtssituationen sind ein beliebtes Tool im Lehramtsstudium. Doch wie sollten Videos gestaltet sein, damit sie möglichst selbstwirksamkeitsförderlich sind? Um das herauszufinden, überprüften Thiel und Kolleginnen (2020) in ihrer Studie, ob *erfolglose* Handlungsmodelle oder *erfolgreiche* Handlungsmodelle förderlicher für die Selbstwirksamkeit sind. Dafür wurden vier Videos mit professionellen Schauspieler*innen produziert, bei denen eine Lehrkraft mit verschiedenen Formen von Unterrichtsstörungen konfrontiert ist. Die Lehrkraft begegnet den Störungen entweder erfolgreich (*funktional*) oder erfolglos (*dysfunktional*).

Im Rahmen eines Seminars arbeiteten 56 Studierende mit den Videos, die *funktionale* Handlungsmodelle zeigten und 58 Studierende mit den Videos, in denen *dysfunktionale* Handlungsmodelle zu sehen waren. Dabei notierten sie zunächst alle relevanten Vorkommnisse und Aspekte der Situationen mit Unterrichtsstörungen. Anschließend glichen sie ihre Ergebnisse in Kleingruppen ab und diskutierten sie vor dem Hintergrund bekannter Theorien zu effektiver Klassenführung. Zum Schluss entwickelten die Studierenden gemeinsam alternative Strategien zum Umgang mit den Unterrichtsstörungen.

Die Ergebnisse der Studie zeigen, dass **alle Studierenden nach der Arbeit mit den Videos** ihre **Selbstwirksamkeit** als **signifikant höher** bewerteten - und dies sogar unabhängig davon, ob sie Videos mit einer *funktionalen* oder einer *dysfunktionalen* Reaktion gesehen hatten. Da die Studierenden sich nach Beobachten der *dysfunktionalen* Beispiele selbst alternative Strategien überlegt haben, vermuten die Autorinnen, dass hier der Schwerpunkt in erster Linie auf der Quelle der eigenen Erfolgserfahrungen (*mastery experiences*) lag, während die *funktionalen* Beispiele mehr die Quelle der stellvertretenden Erfahrungen (*vicarious experiences*) ansprachen.

2 Keine einzige Maßnahme adressierte die Quelle *physiological and emotional reactions* allein. Deshalb taucht die vierte Quelle in der Abbildung nicht auf.

Maßnahmen, die ausschließlich *mastery experiences* oder *vicarious experiences* ansprechen, sind noch ein wenig erfolgreicher, also selbstwirksamkeitsförderlicher, als Maßnahmen, die diese Quellen jeweils in Kombination mit anderen Quellen ansprechen. Der Unterschied ist allerdings nur geringfügig und auch die jeweiligen Kombinationen mit *mastery experiences* bzw. *vicarious experiences* haben beachtliche Effekte (g = 0,49 bzw. g = 0,51).

Verbale Rückmeldungen wirken selbstwirksamkeitsförderlicher, wenn sie an konkrete eigene Erfahrungen geknüpft sind.

Nimmt eine Maßnahme allein verbale Rückmeldungen (*social persuasion*) in den Blick, ist sie weniger effektiv (g = 0,35) als wenn die verbale Rückmeldung mit anderen Quellen der Selbstwirksamkeit kombiniert wird (g = 0,51). Einschränkend ist festzuhalten, dass nur sehr wenige Studien Maßnahmen durchführten, die ausschließlich *social persuasion* ansprachen. Gleichzeitig untermauert dieses Ergebnis die Bedeutung konkreter eigener Erfahrungen und die Bedeutung der Tipps der Kommunikationswissenschaft (Konstruktiv Feedback geben, S. 17).

Für die Aus- und Weiterbildung von Lehrkräften heißt das: Rückmeldungen und andere Formen der verbalen Unterstützung (*social persuasion*) zeigen noch mehr Erfolg, wenn sie auch mit eigenen Erfahrungen (*mastery experiences*) oder stellvertretenden Erfahrungen (*vicarious experiences*) einhergehen. Eigene und stellvertretende Erfahrungen müssen dabei nicht zwingend im klassischen Unterricht an Schulen gesammelt werden (siehe Kapitel 2.1). Auch das Durchdenken eines schriftlichen Fallbeispiels kann *vicarious experiences* ermöglichen. Das eigenständige Entwickeln eines Stundeneinstiegs in einem Seminar an der Universität oder die Teilnahme an einem Simulationstraining (Avatare in der Lehramtsausbildung) halten ebenso Gelegenheiten für *mastery experiences* bereit.

Avatare in der Lehramtsausbildung

Beispielstudie von Samuelsson und Kolleg*innen (2021)

Samuelsson und Kolleg*innen (2021) nahmen drei Gruppen von Lehramtsstudierenden in Schweden in den Blick, die je unterschiedliche Unterrichtserfahrungen (*mastery experiences*) machen konnten:

(1) *Schüler*innen* 3 Wochen lang im Schulkontext *unterrichten* (16 bis 18 Unterrichtseinheiten à 40 Minuten)

(2) *Kommiliton*innen* insgesamt 3 Stunden im Rahmen eines Seminars *unterrichten* (3 Einheiten à 60 Minuten)

(3) Virtuelle Charaktere (*Avatare*) in einem insgesamt 3-stündigen Simulationstraining *unterrichten* (3 Einheiten à 60 Minuten)

Die Ergebnisse der Studie zeigen: Drei Stunden Simulationstraining in einer kleinen Gruppe mit virtuellen Charakteren sind genauso selbstwirksamkeitsförderlich für Lehramtsstudierende wie ein 3-wöchiges Training mit realen Schüler*innen. Das Simulationstraining war deutlich effektiver als das Unterrichten von Kommiliton*innen während eines Seminars. Als mögliche Gründe für den Erfolg des Simulationstrainings führen die Autor*innen an, dass die Avatare realer als Kommiliton*innen wirkten und schnellere sowie direktere Rückmeldungen als Schüler*innen an die Studierenden gegeben haben.

Letztlich können wir feststellen: Es gibt vielfältige Ansatzpunkte, um die Selbstwirksamkeit von Lehrkräften zu stärken. Alle analysierten Quellen können die Selbstwirksamkeit fördern. Das Potenzial steckt gerade in den vielfältigen Möglichkeiten, Maßnahmen mit den vier Quellen der Selbstwirksamkeit zu kombinieren und einzusetzen. Zentral ist es dabei, den Lehrkräften in Ausbildung und Beruf eigene und stellvertretende Erfahrungen (*mastery experiences* und *vicarious experiences*) zu ermöglichen. Wir möchten Sie als Lehrkräftebildner*innen, Schulleitungen und Lehrkräfte daher ermutigen, das für Sie und Ihre Schule passende Konzept zu finden und verschiedene Maßnahmen zu erproben.

In aller Kürze

- Die Forschungssynthese fasst die Ergebnisse von 115 Einzelstudien und über 11 200 Lehrkräften in Studium und Beruf zusammen.
- Maßnahmen können die Selbstwirksamkeit von Lehrkräften erfolgreich fördern.
- Die untersuchten Maßnahmen sind gleichermaßen erfolgreich für angehende Lehrkräfte wie für Lehrkräfte im Beruf.
- Maßnahmen, die eigene Erfolgserfahrungen und/oder stellvertretende Erfahrungen ermöglichen, zeigen besonders starke Effekte.

5. Lehrkräfteselbstwirksamkeit im Alltag fördern

Die Lehrkräfteselbstwirksamkeit ist die Überzeugung, bestimmte berufsspezifische Handlungen aufgrund eigener Fähigkeiten erfolgreich ausführen zu können.

Die Selbstwirksamkeit von Lehrkräften ist nicht einfach da und unveränderlich, sondern sie lässt sich, wie unsere Forschungssynthese zeigt, auch gezielt durch Maßnahmen fördern. Wichtig ist dabei stets die Reflexion der eigenen Erfahrungen (Reflexion).

Mit den folgenden Reflexionsfragen möchten wir Ihnen auf der einen Seite Impulse geben, wie Sie das Thema Selbstwirksamkeit in Ihrem Kollegium oder in Ausbildungssituationen an Ihrer Schule oder Ihrer Universität adressieren können. Andererseits möchten wir auch Sie als Lehrkräfte, Schulleitungen und Ausbildende dazu ermutigen, Ihre eigene Selbstwirksamkeit in den Blick zu nehmen. Selbstverständlich müssen nicht alle Punkte für Sie relevant sein. Nutzen Sie die Ideen, die zu Ihnen passen!

Reflexion

Reflexion meint das intensive Nachdenken über das eigene Handeln und die eigenen Emotionen in einer vergangenen Situation. Die Fähigkeit, sich und sein Handeln selbst zu reflektieren gilt als zentral, um eigene Haltungen anzupassen, eigenes Verhalten zu verändern und sich weiterzuentwickeln. Im Alltag können Hilfsmittel wie ein Tagebuch, feste Termine mit Kommiliton*innen, Kolleg*innen oder Coaches helfen, sich die Zeit zur Reflexion zu nehmen.

5.1 Reflexionsfragen für Lehrkräfte

Eigene Erfolgserfahrungen (*mastery experiences*)

- In welchen Bereichen Ihres beruflichen Lebens fühlen Sie sich selbstwirksam? In welchen weniger?
- Wenn Sie an die folgenden Bereiche denken:
  - Ihre Unterrichtsvorbereitung
  - Ihre Beziehung zu den Schüler*innen
  - Ihre Mitgestaltung an der Schule
  - Ihre Elterngespräche
  - Ihre Klassenführung
  - ...;

  was war heute/diese Woche/in diesem Schuljahr jeweils ein echtes Erfolgserlebnis für Sie?
- Wann nehmen Sie sich Zeit, positive Erlebnisse zu reflektieren und zu sammeln?

Stellvertretende Erfahrungen (*vicarious experiences*)

- Wann haben Sie das letzte Mal eine andere erfahrene Lehrkraft beobachtet? Was haben Sie dabei mitgenommen?
- Haben Sie sich schon einmal die Zeit genommen, bei Kolleg*innen in mehreren Unterrichtsstunden zu hospitieren?
- Von welchen Rollenmodellen lernen Sie am liebsten? Warum?
- Wenn Sie an Ihr jetziges Kollegium oder an bisherige Schulen denken: Wer ist/war Ihnen ein Vorbild in Bezug auf
  - die Beziehung zu den Schüler*innen,
  - die Gestaltung von Unterrichtsmaterialien,
  - die Zusammenarbeit mit Eltern,
  - die Klassenführung,
  - digitale Methoden,
  - ...?
- Wann hätten Sie in Ihrem Stundenplan Zeit, einmal jemanden aus dem Kollegium im Unterricht zu besuchen?
- Wie können Sie an Ihrer Schule Strukturen schaffen, um kollegiale Hospitation zu stärken?

Verbale Rückmeldungen (*social persuasion*)

- Suchen Sie sich im Kollegium Rat, wenn Sie eine wiederkehrende Unterrichtssituation als herausfordernd erleben? Falls ja, was qualifiziert geeignete Ansprechpersonen dafür in Ihren Augen?
- Wann haben Sie Gelegenheit, Ereignisse aus dem Schulalltag (über reine emotionale Unterstützung hinaus) mit Kolleg*innen intensiver zu besprechen?
- Von welchen Personen (innerhalb und außerhalb der Schule) holen Sie sich regelmäßig Rückmeldungen ein? Nutzen Sie dafür auch selbst aufgezeichnete Videosequenzen? Falls nicht, was müsste passieren, damit Sie dies tun?
- Wenn Sie Feedback geben: Mit welcher Haltung gehen Sie in das Gespräch? Welche Kommunikationsmodelle nutzen Sie? Was ist Ihnen im Feedbackgespräch wichtig?
- Wie können Sie an Ihrer Schule den beruflichen Austausch fördern und somit Gelegenheiten zur gegenseitigen Unterstützung schaffen?
- Geben Sie Ihren Kolleg*innen, sofern von ihnen gewünscht, Rückmeldung zu ihrem individuellen Fortschritt?

Körperliche und emotionale Reaktionen (*physiological and emotional reactions*)

- Sehen Sie Aufregung als positiv oder negativ an?
- In welchen Situationen nehmen Sie Ihre körperlichen Reaktionen (z. B. Herzschlag, Unwohlsein) besonders deutlich wahr?
- Wie gehen Sie mit Aufregung und anderen Erregungszuständen um?

5.2 Reflexionsfragen für Schulleitungen

Eigene Erfolgserfahrungen (*mastery experiences*)

- In welchen zurückliegenden beruflichen Situationen haben Sie sich als besonders erfolgreich wahrgenommen?
- Wann nehmen Sie sich Zeit, Erfolge in Ihrer Funktion als Schulleitung zu reflektieren?
- Konzentrieren Sie sich auch in herausfordernden Situationen auf das, was Sie bereits erfolgreich bewältigt haben?
- Wann bieten Sie Ihrem Kollegium Gelegenheit, gemeinsame Erfolge zu reflektieren und zu feiern?
- Wann bieten Sie Lehrkräften individuell Gelegenheit, Erfolge zu reflektieren und sichtbar zu machen?

Stellvertretende Erfahrungen (*vicarious experiences*)

- Inwiefern unterstützen Sie kollegiale Hospitationen? Bietet Ihre Schulstruktur Raum und Wertschätzung für kollegiale Hospitationen?
- Wie können Sie an Ihrer Schule Strukturen schaffen, um kollegiale Hospitation zu stärken?

Verbale Rückmeldungen (*social persuasion*)

- Welche Formate können Sie etablieren, um zum Austausch von Erfahrungen einzuladen?
- Wann nutzen Sie Gelegenheiten zum Austausch mit anderen Schulleitungen?
- Wie stehen Sie dem Einbezug von externen Coaches gegenüber?
- Bei welchen Gelegenheiten können Sie als Schulleitung Lehrkräfte für ihre Tätigkeiten ermutigen?

Körperliche und emotionale Reaktionen (*physiological and emotional reactions*)

- Inwiefern ist der Umgang mit Aufregung/Angst o. Ä. Thema in Ihrer Schulgemeinschaft?
- Wie gehen Sie selbst als Schulleitung mit Aufregung und anderen Erregungszuständen um?

5.3 Reflexionsfragen für Personen in der Lehrkräftebildung an Schulen (z. B. Praktikumslehrkräfte, Seminarlehrkräfte)

Eigene Erfolgserfahrungen (*mastery experiences*)

- Inwiefern geben Sie in Besprechungen im Praktikum / im Seminar Gelegenheit, dass die angehenden Lehrkräfte ihre eigenen Erfolge wahrnehmen und reflektieren?
- Welche Methoden können das Bewusstwerden von Erfolgen stärken?
- Inwiefern nehmen Sie sich in Ihrer Rolle als betreuende Lehrkraft Zeit, Erfolge in der Betreuung wahrzunehmen und zu reflektieren?

Stellvertretende Erfahrungen (*vicarious experiences*)

- Geben Sie Ihren Praktikant*innen/Referendar*innen Gelegenheit, Sie in verschiedenen Situationen (z. B. auch Unterrichtsvorbereitung/-nachbereitung/Gespräche mit Schüler*innen und Eltern) zu beobachten?
- Inwiefern geben Sie Ihren Praktikant*innen/Referendar*innen Gelegenheit, verschiedene Modelle (über Sie hinaus) zu beobachten? Auf welche Auswahlkriterien legen Sie dabei Wert?

Verbale Rückmeldungen (*social persuasion*)

- Nach welchen Prinzipien gestalten Sie Ihre Rückmeldung an die angehenden Lehrkräfte? Wie vermitteln Sie negatives Feedback?
- Inwiefern holen Sie sich selbst Rückmeldung ein zu Ihren Handlungen als betreuende Lehrkraft?
- Wie können Sie (angehende) Lehrkräfte für den Wert von externem Rat sensibilisieren?
- Schaffen Sie bereits in der Lehramtsausbildung Formate, um den Austausch von Erfahrungen zwischen den (angehenden) Lehrkräften anzuregen?
- Wann ermutigen Sie die (angehenden) Lehrkräfte, sich ihre Stärken und ihr Können bewusst zu machen?
- Welche Möglichkeiten bieten Sie in der Lehramtsausbildung, damit sich die (angehenden) Lehrkräfte gegenseitig ermutigen und verbal unterstützen?

Körperliche und emotionale Reaktionen (*physiological and emotional reactions*)

- Inwiefern thematisieren Sie die Funktion und den Umgang mit Aufregung?
- Welche Strategien nutzen Sie selbst zum Umgang mit Aufregung und welche können Sie weitergeben?

5.4 Reflexionsfragen für Personen in der Lehrkräftebildung an Universitäten

Eigene Erfolgserfahrungen (*mastery experiences*)

- An welchen Stellen können Sie in Ihrer Lehre den Studierenden die Gelegenheit geben, möglichst viele eigene Erfahrungen zu machen? Wo können Sie beispielsweise Rollenspiele oder *micro-teachings*, also die Planung und Erprobung kurzer Unterrichtselemente, ermöglichen?
- Wie gehen Sie mit Misserfolgen bei Rollenspielen um?
- Welche Methoden für die Wahrnehmung und Reflexion von Erfolgen geben Sie Ihren Studierenden mit?

Stellvertretende Erfahrungen (*vicarious experiences*)

- Inwiefern geben Sie den Studierenden Gelegenheit, Sie als Rollenmodell wahrzunehmen?
- Inwiefern geben Sie den Studierenden Gelegenheit, sich gegenseitig als Modell wahrzunehmen?
- Inwiefern nutzen Sie Unterrichtsvideos (z. B. von https://unterrichtsvideos.net/metaportal), um den Studierenden stellvertretende Erfahrungen zu ermöglichen?

Verbale Rückmeldungen (*social persuasion*)

- Ermöglichen Sie den Studierenden, sich gegenseitig zu ihren Erfahrungen auszutauschen?
- Inwiefern bilden Sie die Studierenden auch zum gegenseitigen Feedbackgeben aus?

Körperliche und emotionale Reaktionen (*physiological and emotional reactions*)

- Welche Strategien nutzen Sie, um Herzklopfen/Angstgefühle positiv zu beurteilen? Inwiefern thematisieren Sie Ihre eigenen Strategien mit den Studierenden?

Literatur

Adams, K. (2004). Modelling success: Enhancing international postgraduate research students' self-efficacy for research seminar presentations. *Higher Education Research & Development, 23*(2), 115–130. https://doi.org/10.1080/0729436042000206618

Alanoglu, M. (2022). The role of instructional leadership in increasing teacher self-efficacy: A meta-analytic review. *Asia Pacific Education Review, 23*(2), 233–244. https://doi.org/10.1007/s12564-021-09726-5

Aloe, A. M., Amo, L. C., & Shanahan, M. E. (2014). Classroom management self-efficacy and burnout: A multivariate meta-analysis. *Educational Psychology Review, 26*(1), 101–126. https://doi.org/10.1007/s10648-013-9244-0

Arent, S. M., & Landers, D. M. (2003). Arousal, anxiety, and performance: A reexamination of the Inverted-U hypothesis. *Research Quarterly for Exercise and Sport, 74*(4), 436–444. https://doi.org/10.1080/02701367.2003.10609113

Bach, A. (2022). *Selbstwirksamkeit im Lehrberuf. Entstehung und Veränderung sowie Effekte auf Gesundheit und Unterricht*. Waxmann Verlag. https://doi.org/10.31244/9783830995166

Balk, Y. A., Adriaanse, M. A., Ridder, D. T. D. de, & Evers, C. (2013). Coping under pressure: Employing emotion regulation strategies to enhance performance under pressure. *Journal of Sport and Exercise Psychology, 35*(4), 408–418. https://doi.org/10.1123/jsep.35.4.408

Bandura, A. (1977). Self-efficacy: Toward a unifying theory of behavioral change. *Psychological Review, 84*(2), 191–215. https://doi.org/10.1037/0033-295X.84.2.191

Bandura, A. (1997). *Self-efficacy: The exercise of control.* W. H. Freeman.

Bellibaş, M. Ş., & Liu, Y. (2017). Multilevel analysis of the relationship between principals' perceived practices of instructional leadership and teachers' self-efficacy perceptions. *Journal of Educational Administration, 55*(1), 49–69. https://doi.org/10.1108/JEA-12-2015-0116

Burić, I., Slišković, A., & Sorić, I. (2020). Teachers' emotions and self-efficacy: A test of reciprocal relations. *Frontiers in Psychology, 11*, Article 1650. https://doi.org/10.3389/fpsyg.2020.01650

Caprara, G. V., Barbaranelli, C., Steca, P., & Malone, P. S. (2006). Teachers' self-efficacy beliefs as determinants of job satisfaction and students' academic achievement: A study at the school level. *Journal of School Psychology, 44*(6), 473–490. https://doi.org/10.1016/j.jsp.2006.09.001

Carvalho, J. S. de, Oliveira, S., Roberto, M. S., Gonçalves, C., Bárbara, J. M., Castro, A. F. de, Pereira, R., Franco, M., Cadima, J., Leal, T., Lemos, M. S., & Marques-Pinto, A. (2021). Effects of a mindfulness-based intervention for teachers: A study on teacher and student outcomes. *Mindfulness, 12*(7), 1719–1732. https://doi.org/10.1007/s12671-021-01635-3

Chan, D. W. (2008). General, collective, and domain-specific teacher self-efficacy among Chinese prospective and in-service teachers in Hong Kong. *Teaching and Teacher Education, 24*(4), 1057–1069. https://doi.org/10.1016/j.tate.2007.11.010

Charalambous, C. Y., Philippou, G. N., & Kyriakides, L. (2008). Tracing the development of preservice teachers' efficacy beliefs in teaching mathematics during fieldwork. *Educational Studies in Mathematics, 67*(2), 125–142. https://doi.org/10.1007/s10649-007-9084-2

Chesnut, S. R., & Burley, H. (2015). Self-efficacy as a predictor of commitment to the teaching profession: A meta-analysis. *Educational Research Review, 15*, 1–16. https://doi.org/10.1016/j.edurev.2015.02.001

Çoban, Ö., Özdemir, N., & Bellibaş, M. Ş. (2020). Trust in principals, leaders' focus on instruction, teacher collaboration, and teacher self-efficacy: Testing a multilevel mediation model. *Educational Management Administration & Leadership, 51*(1), 95–115. https://doi.org/10.1177/1741143220968170

Dalioglu, S. T., & Adiguzel, O. C. (2016). Teacher candidates' self-efficacy beliefs and possible selves throughout the teaching practice period in Turkey. *Asia Pacific Education Review, 17*(4), 651–661. https://doi.org/10.1007/s12564-016-9458-1

Dicke, T., Elling, J., Schmeck, A., & Leutner, D. (2015). Reducing reality shock: The effects of classroom management skills training on beginning teachers. *Teaching and Teacher Education, 48*, 1-12. https://doi.org/10.1016/j.tate.2015.01.013

Dicke, T., Parker, P. D., Marsh, H. W., Kunter, M., Schmeck, A., & Leutner, D. (2014). Self-efficacy in classroom management, classroom disturbances, and emotional exhaustion: A moderated mediation analysis of teacher candidates. *Journal of Educational Psychology, 106*(2), 569-583. https://doi.org/10.1037/a0035504

Fackler, S., & Malmberg, L. E. (2016). Teachers' self-efficacy in 14 OECD countries: Teacher, student group, school and leadership effects. *Teaching and Teacher Education, 56*, 185-195. https://doi.org/10.1016/j.tate.2016.03.002

Fackler, S., Malmberg, L. E., & Sammons, P. (2021). An international perspective on teacher self-efficacy: Personal, structural and environmental factors. *Teaching and Teacher Education, 99*, Article 103255. https://doi.org/10.1016/j.tate.2020.103255

Fauth, B., Decristan, J., Decker, A.-T., Büttner, G., Hardy, I., Klieme, E., & Kunter, M. (2019). The effects of teacher competence on student outcomes in elementary science education: The mediating role of teaching quality. *Teaching and TeacherEducation, 86*, Article 102882. https://doi.org/10.1016/j.tate.2019.102882

Fengler, J. (2009). *Feedback geben: Strategien und Übungen* (4., überarbeitete und erweiterte Auflage). Beltz.

Gold, B., Hellermann, C., & Holodynski, M. (2017). Effekte videobasierter Trainings zur Förderung der Selbstwirksamkeitsüberzeugungen über Klassenführung im Grundschulunterricht. *Zeitschrift für Erziehungswissenschaft, 20*(S1), 115-136. https://doi.org/10.1007/s11618-017-0727-5

Grammatikopoulos, V., Tsigilis, N., Gregoriadis, A., & Bikos, K. (2013). Evaluating an induction training program for Greek teachers using an adjusted level model approach. *Studies in Educational Evaluation, 39*(4), 225-231. https://doi.org/10.1016/j.stueduc.2013.09.002

Guo, Y., McDonald, C. C., Yang, Y., Roehring, A. D., & Morrison, F. J. (2012). The effects of teacher qualification, teacher self-efficacy, and classroom practices on fifth graders' literacy outcomes. *Elementary School Journal, 113*(1), 3-24. https://doi.org/10.1086/665816

Hascher, T., & Hagenauer, G. (2016). Openness to theory and its importance for pre-service teachers' self-efficacy, emotions, and classroom behaviour in the teaching practicum. *International Journal of Educational Research, 77*, 15-25. https://doi.org/10.1016/j.ijer.2016.02.003

Holzberger, D., Philipp, A., & Kunter, M. (2014). Predicting teachers' instructional behaviors: The interplay between self-efficacy and intrinsic needs. *Contemporary Educational Psychology, 39*(2), 100-111. https://doi.org/10.1016/j.cedpsych.2014.02.001

Holzberger, D., & Prestele, E. (2021). Teacher self-efficacy and self-reported cognitive activation and classroom management: A multilevel perspective on the role of school characteristics. *Learning and Instruction, 76*, Article 101513. https://doi.org/10.1016/j.learninstruc.2021.101513

Holzberger, D., & Ziernwald, L. (2020). Forschungsflut - Wer hilft mir einen Überblick zu behalten. *Pädagogische Führung, 20*(1), 25-27.

Hoogendijk, C., Tick, N. T., Hofman, W. H. A., Holland, J. G., Severiens, S. E., Vuijk, P., & van Veen, A. F. D. (2018). Direct and indirect effects of Key2Teach on teachers' sense of self-efficacy and emotional exhaustion, a randomized controlled trial. *Teaching and Teacher Education, 76*(SI), 1-13. https://doi.org/10.1016/j.tate.2018.07.014

Huang, X. (2017). Example-based learning: Effects of different types of examples on student performance, cognitive load and self-efficacy in a statistical learning task. *Interactive Learning Environments, 25*(3), 283-294. https://doi.org/10.1080/10494820.2015.1121154

Iancu, A. E., Rusu, A., Măroiu, C., Păcurar, R., & Maricuţoiu, L. P. (2018). The effectiveness of interventions aimed at reducing teacher burnout: A meta-analysis. *Educational Psychology Review, 30*(2), 373-396. https://doi.org/10.1007/s10648-017-9420-8

Jeong, E. J., & Biocca, F. A. (2012). Are there optimal levels of arousal to memory? Effects of arousal, centrality, and familiarity on brand memory in video games. *Computers in Human Behavior, 28*(2), 285-291. https://doi.org/10.1016/j.chb.2011.09.011

Keeley, J., Zazac, R., & Correia, C. (2008). Curvilinear relationships between statistics anxiety and performance among undergraduate students: Evidence for optimal anxiety. *Statistics Education Research Journal, 7*(1), 4-15. https://doi.org/10.52041/serj.v7i1.477

Kim, K. R., & Seo, E. H. (2018). The relationship between teacher efficacy and students' academic achievement: A meta-analysis. *Social Behavior and Personality: An International Journal, 46*(4), 529–540. https://doi.org/10.2224/sbp.6554

Klassen, R. M., & Chiu, M. M. (2010). Effects on teachers' self-efficacy and job satisfaction: Teacher gender, years of experience, and job stress. *Journal of Educational Psychology, 102*(3), 741–756. https://doi.org/10.1037/a0019237

Klassen, R. M., & Chiu, M. M. (2011). The occupational commitment and intention to quit of practicing and pre-service teachers: Influence of self-efficacy, job stress, and teaching context. *Contemporary Educational Psychology, 36*(2), 114–129. https://doi.org/10.1016/j.cedpsych.2011.01.002

Klassen, R. M., & Tze, V. M. C. (2014). Teachers' self-efficacy, personality, and teaching effectiveness: A meta-analysis. *Educational Research Review, 12*, 59–76. https://doi.org/10.1016/j.edurev.2014.06.001

Klassen, R. M., Tze, V. M. C., Betts, S. M., & Gordon, K. A. (2011). Teacher efficacy research 1998–2009: Signs of progress or unfulfilled promise? *Educational Psychology Review, 23*(1), 21–43. https://doi.org/10.1007/s10648-010-9141-8

Künsting, J., Neuber, V., & Lipowsky, F. (2016). Teacher self-efficacy as a long-term predictor of instructional quality in the classroom. *European Journal of Psychology of Education, 31*(3), 299–322. https://doi.org/10.1007/s10212-015-0272-7

Lazarides, R., Schiefele, U., Hettinger, K., & Frommelt, M. C. (2023). Tracing the signal from teachers to students: How teachers' motivational beliefs longitudinally relate to student interest through student-reported teaching practices. *Journal of Educational Psychology, 115*(2), 290–308. https://doi.org/10.1037/edu0000777

Lazarides, R., Watt, H. M. G., & Richardson, P. W. (2020). Teachers' classroom management self-efficacy, perceived classroom management and teaching contexts from beginning until mid-career. *Learning and Instruction, 69*, 101346. https://doi.org/10.1016/j.learninstruc.2020.101346

Lee, G. C., & Wu, C.-C. (2006). Enhancing the teaching experience of pre-service teachers through the use of videos in web-based computer-mediated communication (CMC). *Innovations in Education and Teaching International, 43*(4), 369–380. https://doi.org/10.1080/14703290600973836

McLennan, B., McIlveen, P., & Perera, H. N. (2017). Pre-service teachers' self-efficacy mediates the relationship between career adaptability and career optimism. *Teaching and Teacher Education, 63*, 176–185. https://doi.org/10.1016/j.tate.2016.12.022

Michos, K., Cantieni, A., Schmid, R., Müller, L., & Petko, D. (2022). Examining the relationship between internship experiences, teaching enthusiasm, and teacher self-efficacy when using a mobile portfolio app. *Teaching and Teacher Education, 109*, Article 103570. https://doi.org/10.1016/j.tate.2021.103570

Mojavezi, A., & Tamiz, M. P. (2012). The impact of teacher self-efficacy on the students' motivation and achievement. *Theory and Practice in Language Studies, 2*(3), 483–491. https://doi.org/10.4304/tpls.2.3.483-491

Moore, L. J., Vine, S. J., Wilson, M. R., & Freeman, P. (2015). Reappraising threat: How to optimize performance under pressure. *Journal of Sport and Exercise Psychology, 37*(3), 339–343. https://doi.org/10.1123/jsep.2014-0186

Morris, D. B., Usher, E. L., & Chen, J. A. (2017). Reconceptualizing the sources of teaching self-efficacy: A critical review of emerging literature. *Educational Psychology Review, 29*(4), 795–833. https://doi.org/10.1007/s10648-016-9378-y

Mottet, T. P., Beebe, S. A., Raffeld, P. C., & Medlock, A. L. (2004). The effects of student verbal and nonverbal responsiveness on teacher self-efficacy and job satisfaction. *Communication Education, 53*(2), 150–163. https://doi.org/10.1080/03634520410001682410

Neve, D. de, Devos, G., & Tuytens, M. (2015). The importance of job resources and self-efficacy for beginning teachers' professional learning in differentiated instruction. *Teaching and Teacher Education, 47*, 30–41. https://doi.org/10.1016/j.tate.2014.12.003

OECD. (2014). *TALIS 2013 results: An international perspective on teaching and learning*. OECD Publishing. https://doi.org/10.1787/9789264196261-en

Oliveira, S., Roberto, M. S., Pereira, N. S., Marques-Pinto, A., & Veiga-Simão, A. M. (2021). Impacts of social and emotional learning interventions for teachers on teachers' outcomes: A systematic review with meta-analysis. *Frontiers in Psychology, 12*, Article 677217. https://doi.org/10.3389/fpsyg.2021.677217

Pfitzner-Eden, F. (2016a). *STSE - Scale for Teacher Self-Efficacy - deutsche adaptierte Fassung*. ZPID (Leibniz Institute for Psychology Information) - Testarchiv. https://doi.org/10.23668/psycharchives.451

Pfitzner-Eden, F. (2016b). Why do I feel more confident? Bandura's sources predict preservice teachers' latent changes in teacher self-efficacy. *Frontiers in Psychology, 7*, Article 1486. https://doi.org/10.3389/fpsyg.2016.01486

Phan, N. T. T., & Locke, T. (2015). Sources of self-efficacy of Vietnamese EFL teachers: A qualitative study. *Teaching and Teacher Education, 52*, 73–82. https://doi.org/10.1016/j.tate.2015.09.006

Prilop, C. N., Weber, K. E., & Kleinknecht, M. (2020). Effects of digital video-based feedback environments on pre-service teachers' feedback competence. *Computers in Human Behavior, 102*, 120–131. https://doi.org/10.1016/j.chb.2019.08.011

Rosenberg, M. B. (2016). *Gewaltfreie Kommunikation: Eine Sprache des Lebens* (12., überarbeitete und erweiterte Auflage). Junfermann Verlag.

Samuelsson, M., Samuelsson, J., & Thorsten, A. (2021). Simulation training is as effective as teaching pupils: Development of efficacy beliefs among pre-service teachers. *Journal of Technology and Teacher Education, 29*(2), 225–251.

Savolainen, H., Malinen, O. P., & Schwab, S. (2020). Teacher efficacy predicts teachers' attitudes towards inclusion - a longitudinal cross-lagged analysis. *International Journal of Inclusive Education, 26*(9), 1–15. https://doi.org/10.1080/13603116.2020.1752826

Schipper, T. M., Vries, S. de, Goei, S. L., & van Veen, K. (2020). Promoting a professional school culture through lesson study? An examination of school culture, school conditions, and teacher self-efficacy. *Professional Development in Education, 46*(1), 112–129. https://doi.org/10.1080/19415257.2019.1634627

Schunk, D. H. (1987). Peer models and children's behavioral change. *Review of Educational Research, 57*(2), 149–174. https://doi.org/10.3102/00346543057002149

Skaalvik, E. M., & Skaalvik, S. (2010). Teacher self-efficacy and teacher burnout: A study of relations. *Teaching and Teacher Education, 26*(4), 1059–1069. https://doi.org/10.1016/j.tate.2009.11.001

Skaalvik, E. M., & Skaalvik, S. (2014). Teacher self-efficacy and perceived autonomy: Relations with teacher engagement, job satisfaction, and emotional exhaustion. *Psychological Reports, 114*(1), 68–77. https://doi.org/10.2466/14.02.PR0.114k14w0

Sliwka, A., & Klopsch, B. (2020, July 29). *Lesson Study. Unterrichtsentwicklung auf Japanisch*. Deutsches Schulportal. https://deutsches-schulportal.de/expertenstimmen/lesson-study-unterrichtsentwicklung-auf-japanisch/

Spahn, C. (2012). *Lampenfieber: Handbuch für den erfolgreichen Auftritt. Grundlagen, Analyse, Maßnahmen*. Henschel.

Stephanou, G., Gkavras, G., & Doulkeridou, M. (2013). The role of teachers' self- and collective-efficacy beliefs on their job satisfaction and experienced emotions in school. *Psychology, 4*(3A), 268–278. https://doi.org/10.4236/psych.2013.43A040

Suprayogi, M. N., Valcke, M., & Godwin, R. (2017). Teachers and their implementation of differentiated instruction in the classroom. *Teaching and Teacher Education, 67*, 291–301. https://doi.org/10.1016/j.tate.2017.06.020

Swan, B., Wolf, K., & Cano, J. (2011). Changes in teacher self-efficacy from the student teaching experience through the third year of teaching. *Journal of Agricultural Education, 52*(2), 128–139. https://doi.org/10.5032/jae.2011.02128

Thiel, F., Böhnke, A., Barth, V. L., & Ophardt, D. (2020). How to prepare preservice teachers to deal with disruptions in the classroom? Differential effects of learning with functional and dysfunctional video scenarios. *Professional Development in Education, 49*(1), 1–15. https://doi.org/10.1080/19415257.2020.1763433

Thurlings, M., Evers, A. T., & Vermeulen, M. (2015). Toward a model of explaining teachers' innovative behavior. *Review of Educational Research, 85*(3), 430–471. https://doi.org/10.3102/0034654314557949

Tschannen-Moran, M., & Woolfolk Hoy, A. (2001). Teacher efficacy: Capturing an elusive construct. *Teaching and Teacher Education, 17*(7), 783–805. https://doi.org/10.1016/S0742-051X(01)00036-1

Tschannen-Moran, M., Woolfolk Hoy, A., & Hoy, W., K. (1998). Teacher efficacy: Its meaning and measure. *Review of Educational Research, 68*(2), 202–248. https://doi.org/10.3102/00346543068002202

Tsouloupas, C. N., Carson, R. L., Matthews, R., Grawitch, M. J., & Barber, L. K. (2010). Exploring the association between teachers' perceived student misbehaviour and emotional exhaustion: The importance of teacher efficacy beliefs and emotion regulation. *Educational Psychology, 30*(2), 173-189. https://doi.org/10.1080/01443410903494460

Wang, H., Hall, N. C., & Rahimi, S. (2015). Self-efficacy and causal attributions in teachers: Effects on burnout, job satisfaction, illness, and quitting intentions. *Teaching and Teacher Education, 47*, 120-130. https://doi.org/10.1016/j.tate.2014.12.005

Weber, K. E., Prilop, C. N., & Kleinknecht, M. (2019). Effects of blended and video-based coaching approaches on preservice teachers' self-efficacy and perceived competence support. *Learning Culture and Social Interaction, 22*. https://doi.org/10.1016/j.lcsi.2019.100318

Wolters, C. A., & Daugherty, S. G. (2007). Goal structures and teachers' sense of efficacy: Their relation and association to teaching experience and academic level. *Journal of Educational Psychology, 99*(1), 181-193. https://doi.org/10.1037/0022-0663.99.1.181

Woolfolk Hoy, A., & Spero, R. B. (2005). Changes in teacher efficacy during the early years of teaching: A comparison of four measures. *Teaching and Teacher Education, 21*(4), 343-356. https://doi.org/10.1016/j.tate.2005.01.007

Yüksel, H. G. (2014). Becoming a teacher: Tracing changes in pre-service English as a foreign language teachers' sense of efficacy. *South African Journal of Education, 34*(3), Article 958. https://doi.org/10.15700/201409161104

Zee, M., Jong, P., F. de, & Koomen, H. M. Y. (2016). Teachers' self-efficacy in relation to individual students with a variety of social-emotional behaviors: A multilevel investigation. *Journal of Educational Psychology, 108*(7), 1013-1027. https://doi.org/10.1037/edu0000106

Zee, M., & Koomen, H. M. Y. (2016). Teacher self-efficacy and its effects on classroom processes, student academic adjustment, and teacher well-being: A synthesis of 40 years of research. *Review of Educational Research, 86*(4), 981-1015. https://doi.org/10.3102/0034654315626801

Zee, M., & Koomen, H. M. Y. (2020). Engaging children in the upper elementary grades: Unique contributions of teacher self-efficacy, autonomy support, and student-teacher relationships. *Journal of Research in Childhood Education, 34*(4), 477-495. https://doi.org/10.1080/02568543.2019.1701589

Bildnachweis

istockphoto.com
S. 7: © skynesher; S. 17: © ajr_images; S. 20: © fizkes, S. 22: © SDI Productions; S. 31: © psisa; S. 32, 33: © Drazen Zigic

pexels.com
S.5: © Christina Morillo

shutterstock.com
S. 6: © Yaroslav Astakhov; S. 9: © Pressmaster; S. 10: © BalanceFormCreative; S. 11: © Drazen Zigic; S. 13: © Robert Kneschke; S. 14: © ESB Professional; S. 15, 16, 25: © fizkes; S. 21: © NDAB Creativity; S. 27: © wavebreakmedia; S. 29: © SpeedKingz; S. 30: © Monkey Business Images; S. 34: © stockfour

stock.adobe.com
S. 23: © Avinash

Übersicht über die Beispielstudien

und die in den jeweiligen Maßnahmen angesprochenen Quellen der Selbstwirksamkeit

Beispielstudie	Berufs-erfahrung	Bedingungen	Angesprochene Quellen der Selbstwirksamkeit: eigene Erfolgs-erfahrungen	stellver-tretende Erfahrungen	verbale Rück-meldungen	körperliche & emotionale Reaktionen
Unterrichtsvideos mit erfahrenen oder mit unerfahrenen Modellen? S. 14 (Gold et al., 2017)	Lehramts-studierende	Trainingsgruppe 1 (Videos von erfahrenen Lehrpersonen)		•	•	
		Trainingsgruppe 2 (eigener Unterricht)	•	•	•	
		Trainingsgruppe 3 (eigener Unterricht & Videos von eigenem Unterricht)	•	•	•	
Der Vorteil von videogestütztem Feedback S. 16 (Weber et al., 2019)	Lehramts-studierende	Trainingsgruppe 1 (*face-to-face feedback*)	•	•	•	
	Lehramts-studierende	Trainingsgruppe 2 (videogestütztes Feedback)[a]	•	•	•	
Ein Praktikum mit App und Mentoring S. 19 (Michos et al., 2022)[b]	Lehramts-studierende		•		•	
Ein Klassenführungstraining für Referendar*innen S. 20 (Dicke et al., 2015)	Lehrkräfte im Vorbereitungsdienst	Klassenführungstraining	•	•	•	
		Stressmanagementtraining	•	•	•	•
Achtsamkeitstraining für Lehrkräfte S. 20 (de Carvalho et al., 2021)	Lehrkräfte im Beruf		•		•	•
Coaching als Motor für Lehrkräfteselbstwirksamkeit S. 21 (Hoogendijk et al., 2018)	Lehrkräfte im Beruf		•	•	•	
Können auch erfolglose Modelle die Lehrkräfteselbstwirksamkeit fördern? S. 28 (Thiel et al., 2020)[b]	Lehramts-studierende			•	•	
Avatare in der Lehramtsausbildung S. 29 (Samuelsson et al., 2021)	Lehramts-studierende	Schüler*innen unterrichten	•		•	
		Kommiliton*innen unterrichten	•	•	•	
		Avatare unterrichten	•	•	•	

a. In der Studie gibt es nochmal eine Unterteilung der Trainingsgruppe 2 in zwei Untergruppen – die angesprochenen Quellen der Selbstwirksamkeit sind aber die gleichen.
b. In der Studie gibt es zwei verschiedene Trainingsgruppen. Allerdings sind die angesprochenen Quellen der Selbstwirksamkeit in beiden Gruppen gleich, weshalb hier nur eine Zeile ausgefüllt wurde.